◆ 하나님의 방식 ◆

하나님의 방식

지은이 | 궁인
초판 발행 | 2024. 10. 16
등록번호 | 제1988-000080호
등록된 곳 | 서울특별시 용산구 서빙고로65길 38 두란노빌딩
발행처 | 사단법인 두란노서원
영업부 | 2078-3333 FAX | 080-749-3705
출판부 | 2078-3331

책 값은 뒤표지에 있습니다.
ISBN 978-89-531-4938-0 03230

독자의 의견을 기다립니다.
tpress@duranno.com www.duranno.com

두란노서원은 바울 사도가 3차 전도여행 때 에베소에서 성령 받은 제자들을 따로 세워 하나님의 말씀으로 양육하던 장소입니다. 사도행전 19장 8-20절의 정신에 따라 첫째 목회자를 돕는 사역과 평신도를 훈련시키는 사역, 둘째 세계선교(TIM)와 문서선교(단행본·잡지) 사역, 셋째 예수문화 및 경배와 찬양 사역, 그리고 가정·상담 사역 등을 감당하고 있습니다. 1980년 12월 22일에 창립된 두란노서원은 주님 오실 때까지 이 사역들을 계속할 것입니다.

세상 이론과 고정 관념을 압도하는

하나님의 방식

궁인

The God's Way

· contents ·

추천사 —— 6
프롤로그 —— 14
감사의글 —— 16

· PART 1 마음 · 깨진 마음의 파편들을 주께로 가져가라

01 —— 자꾸만 무기력에 빠지는가? —— 상승 정지 증후군 —— 20
02 —— 마음속으로 늘 비교하고 있는가? —— 이웃 효과 —— 30
03 —— 늘 마음 깨질 일만 생기는가? —— 깨진 유리창 이론 —— 42
04 —— 나만 손해 보는 것 같은가? —— 손실 회피 이론 —— 56

· PART 2 믿음 · 섣불리 결론짓지 말고 절대 긍정하라

05 —— 오해가 믿음이 되어 간다면 —— 확증 편향 이론 —— 68
06 —— 뒤로 넘어져도 코가 깨진다고 믿는다면 —— 노시보 효과 —— 80
07 —— 급한 마음에 믿음을 잊었다면 —— 성급한 일반화의 오류 —— 92
08 —— 버티는 것이 믿음이라고 착각한다면 - 몬테카를로의 오류 - 104

· PART 3 성장 · 익숙함의 틀을 믿음으로 벗어 던지라

09 — 엉뚱한 것을 좇으며 살고 있다면 — 레밍 신드롬 — 118

10 — 늘 어린아이처럼 살고 있다면 — 피터 팬 증후군 — 130

11 — 세상의 지혜로 살고 있다면 – 저녁 식사 모임의 딜레마 — 142

12 — 혼자만의 삶에 익숙하다면 — 고슴도치 딜레마 — 152

· PART 4 비전 · 성령의 능력으로 마지막 퍼즐을 맞추라

13 — 방관자들 앞에 서 있다면 — 방관자 효과 — 166

14 — 하나님의 진심을 알기 원한다면 — 이케아 효과 — 180

15 — 세상과 하나님 사이에서 고민한다면 — 햄릿 증후군 — 192

16 — 비전의 마지막 퍼즐을 찾는다면 — 티핑 포인트 — 202

· 추천사 ·

궁인 목사님의 글은 도전적이다. 현상 유지를 거부하는 창조적 파괴가 담겨 있다. 창조적 파괴는 언제나 새 미래를 가져온다. 우리는 기존 질서에 안주하고 싶어 한다. 그래서 미래를 향해 도전하기보다 현실에 고착되려 한다. 이 책에는 마음, 믿음, 성장, 비전이라는 네 가지 키워드가 등장한다. 저자는 이들 키워드를 통해 현실의 틀을 깨고 일어나 미래로 향할 것을 도전한다. 현재 삶의 편안함에 주저앉은 동역자들에게 일독을 권한다. 다시 일어나 꿈꾸기 위하여….

이동원 목사 | 지구촌교회 원로, 목회리더십센터(PLC) 대표

세상 이론에는 보편성과 타당성이 있다. 우리의 인생을 지혜롭게 할 배움과 깨달음이 있다. 그러나 하나님의 나라는 "Above & Beyond" 원칙이 작용한다. 저자는 세상의 이론을 뛰어넘는 하나님의 역사를 역설한다. 하나님의 나라는 말에 있지 아니하고, 오직 능력에 있다고(고전 4:20)! 하나님의 역사는 세상 이론을 타파한다고! 그리고 그 하나님의 능력을 선포한다. 우리 삶에 하나님의 두나미스(Dunamis)가 나타나기를 도전한다!

진재혁 목사 | 케냐 선교사, 지구촌교회 2대 담임 역임

궁인 목사님을 알게 되면서 몇 가지 놀란 점이 있다. 첫째는 목사님이 담임하는 교회의 분위기가 즐거움이 넘치고 다이내믹하다는 것이다. 목사님 자신의 풍부한 목회 경험, 교인들과 함께하는 충분한 기도 시간, 열린 마음의 소통 등이 가져온 열매일 것이다. 둘째는 저자의 글에는 폭넓은 지식과 사람들에 대한 깊은 통찰이 담겼다는 것이다. 사람들이 세운 전통적인 기준에서 그 정도면 되었다고 하는 칭찬받는 자리에 주저앉은 우리에게 더 오를 곳이 있으니 편안함을 타파하고 일어나라고 강조한다. 또 하나님의 말씀을 토대로 좁은 길과 옳은 길을 제시한다.

길영환 목사 | 미션포인트교회 원로

이 책의 저자 궁인 목사는 오래전 신학교 강의에서 처음 만났다. 많은 학생 가운데에서 그가 유독 나의 눈에 들었다. 그의 진솔하고 유쾌한 성품과 탁월한 학습 능력에 끌렸던 것 같다. 그로부터 20여 년이 더 지났다. 그 긴 세월 동안 저자의 삶과 사역을 가까이서 때론 멀리서 지켜보며 그를 연단하시며 사용하시는 하나님께 감사했다. 이제 그의 삶과 사역, 그리고 목회자로서의 고뇌와 기도가 책으로서 또 하나의 결실을 맺었다. 성도들의 영적 현실을 적나라하게 파헤치는 그의 예리함과 하나님의 말씀으로의 처방이 이 시대를 살고 있는 많은 그리스도인에게 깊은 통찰을 줄 것으로 기대한다.

정승룡 목사 | 리치몬드침례교회 담임, 전 늘사랑교회 담임, KOSTA 국제 이사

이 책은 심리학에서 널리 사용되는 용어를 사용하여 다수의 현대인이 겪고 있는 심리 문제를 진단하고, 그 해답을 성경 속 인물들에서 찾는 흥미로운 책이다. 다양한 심리 문제를 수렴하여 만든 세속의 이론을 성경적 대안으로 극복하고, 잘못된 이론은 타파하는 묘미를 보여 주는 책이다. 이 책을 읽다 보면 어느 순간 자신을 정확하게 묘사하는 부분을 대면하게 될 것이다. 또한 도움이 될 만한 해답을 자연스럽게 얻을 뿐만 아니라 타자를 이해하는 폭을 넓혀 주기에 인간관계에도 큰 도움을 받게 될 것이다. 자기를 찾고 싶고, 타인을 더 깊이 이해하고 싶은 이들에게 이 책을 추천한다.

최병락 목사 | 강남중앙침례교회 담임

성도들과 고난 가운데 함께 울고, 은혜 가운데 함께 찬양했을 궁인 목사의 목회 현장을 그려 볼 수 있는 책이다. 현장에서 저자는 신앙의 길 위에 선 성도들이 고민하며 질문하는 부분들에 쉽고 분명하게 답한다. 두루뭉술한 답은 오히려 기독교에 관한 생각을 부정적으로 만든다. 참 필요한 책이 참 적절한 시기에 나오게 되어 매우 기쁘다. 질문이 있다면, 저자가 고민 끝에 쓴 이 책을 통해 답을 구할 수 있다.

홍민기 목사 | 라이트하우스무브먼트 대표,
브리지임팩트사역원 이사장

당신이 지금 붙들고 사는 그 생각은 세상이 던져 준 이론인가? 아니면 하나님이 말씀하신 진리인가? 이 책은 단순한 지식을 전달하거나 새로운 이론을 전달하는 것을 넘어서 새로운 믿음의 여정을 시작하도록 우리에게 도전한다. 그리스도인은 세상이 던져 준 이론과 고정 관념에 끌려 다니는 것이 아니라 하나님의 능력으로 거짓된 이론을 무너트리고, 하나님의 말씀을 따라 살아야 한다고 외치고 있다. 하나님 안에서 새로운 삶을 발견하고 변화된 삶을 살기 원한다면, 이 책을 읽어 보라. 책을 읽는 동안 무너진 마음이 회복되고, 흔들리지 않는 믿음을 갖게 될 것이다.

장재기 목사 | 《따라 하는 기도》 저자, KOSTA 강사

《하나님의 방식》은 자신의 신앙 여정을 되돌아보고, 새로운 결단을 내리도록 도와주는 영적 안내서다. 궁인 목사님은 자신의 삶과 목회 경험을 솔직하게 나누며, 독자들로 하여금 신앙의 현실적인 문제들을 직시하게 한다. 신앙생활에 지치고, 방황하는 모든 성도가 이 책을 통해 위로받고, 새로운 결단을 내리게 되기를 기대하며 진심으로 추천한다.

윤치영 목사 | 킹덤 얼라이언스 대표,
CBS TV <새롭게하소서> 최단기간 200만 조회수

원칙이 건네주는 메시지는 자명하다. 고봉(高峯)을 오르는 산악인에게나 마실 길을 떠난 나그네에게 안내 표지판이 된다. 생명줄이 되기도 한다. 궁인 목사님의 저서는 '이론, 효과, 증후군, 오류, 포인트, 딜레마' 등의 안내 표지판으로 믿음의 여정을 안내해 준다. 인생의 허들 경기에서 장애물은 '넘어지라고' 있는 것이 아니라 '넘어서라고' 있는 것이라 하지 않나? 함께 넘어 보자!

송길원 목사 | 하이패밀리 대표, 동서대학교 석좌 교수

오늘을 사는 그리스도인의 책임과 역할은 시대정신과 직면하여 분투하는 것이다. 궁인 목사는 책을 통해 그리스도인의 고민과 함께 대안을 제시하고 있다. 이 책을 읽는 독자에게는 고민의 깊이가 달라지고, 저자의 대안에 공감하면서도 새로운 방향을 찾아가는 기회가 마련되리라 생각한다. 궁인 목사의 글에는 생명력이 있고, 남다른 안목과 통찰력이 있다. 책장을 넘겨 나가면서 그 생명력과 통찰력을 고스란히 전달받기를 기대한다.

이은상 목사 | 미국 세미한교회 담임, 덴버신학대학원 이사,
달라스침례대학교(DBU) 이사 및 겸임 교수

특정 시대를 살아가는 사람은 그 시대의 정서에 영향을 받는다. 하지만 참된 그리스도인은 세상의 모든 이론에 굴복하지 않고 역행하며, 참된 진리에 근거한 새로운 패러다임을 만들어 간다. 궁인 목사님의 《하나님의 방식》은 우리 시대를 지배하는 다양한 이론들을 제시함과 동시에 시대의 유행을 좇지 않는 온전한 그리스도인으로 살아가는 구체적인 방법을 제시한다.

김현철 목사 | 《메타버스 교회학교》 공저자, KOSTA 강사

영화감독으로서 깨달은 점은 모든 영화에는 감독과 관객, 각자의 시각이 있다는 것이다. 같은 영화를 보더라도 사람마다 마음 상태에 따라 영화를 다르게 해석한다는 뜻이다. 이러한 관점에서 이 책은 내 마음을 움직였고, 평신도는 물론 목회자에게도 추천하고 싶은 책이 되었다. 오랜만에 정말 좋은 책을 만나 행복했다.

김상철 감독 | <제자, 옥한흠>, <아버지의 마음> 감독

궁인 목사님의《하나님의 방식》은 우리를 보이지 않게 지배하는 그릇된 고정 관념과 이론들을 말씀에 비추어 분별하라는 강력한 메시지를 담고 있다. 이 책을 통해 우리는 세상에서의 익숙함과 편리함을 깨뜨리고 일어나 하나님이 이끄시는 비전을 향해 뛰게 될 것이다. 더 나아가 읽는 이마다 하나님의 능력으로 견고한 진을 무너뜨리는 승리와 축복을 사모하게 될 것이다.

박길호 목사 | 송탄중앙침례교회 담임

나는 한때 나의 상식과 고정 관념에 사로잡혀 산 적이 있다. 그것들을 절대로 바뀌면 안 되는 진리로 여겼다. 그러나 세월이 지나면서 고정 관념은 박물관의 유물이 되어 버렸고, 나는 전혀 다른 삶을 살아가고 있다. 이 책은 자신의 과거를 돌아보게 하고, 현실을 묵상하게 한다. 그리고 내일을 고민하게 한다. 좋은 책은 자기 자신을 들여다보게 한다. 그러나 더 좋은 책은 말씀을 찾아보게 한다. 이 책이 그런 책이다.

박춘광 목사 | 신동탄지구촌교회 담임

궁인 목사님의 책은 다음 페이지가 궁금해서 손을 떼기가 어렵다. 《하나님의 방식》은 말 그대로 세상 이론을 타파하고, 풍성한 예화와 저자의 다양한 경험을 바탕으로 현대인으로 하여금 성경에 눈과 귀를 열게 하는 힘이 있다. 누구나 이해하기 쉬우면서도 동시에 깊은 통찰력이 돋보이는 이 책을 통해서 우리의 믿음이 탁상공론이 되지 않기를 소원하며 강력히 추천한다.

송경원 목사 | 타코마제일침례교회 담임

궁인 목사를 처음 만났던 중국 선전(심천) KOSTA 현장에서 다음 세대 앞에서 강의하고 말씀을 전하는 모습에서 그의 노련함과 열정을 동시에 느낄 수 있었다. 궁인 목사는 이론과 실제를 아우르는 탁월한 강사 중 한 명이다. 지구촌교회의 사역 현장에서 오랜 기간 다져 온 목회와 행정에 대한 폭넓은 경험과 동남아와 북미에서 해외 이민 교회를 섬긴 글로벌한 경험이 적절하게 녹아 있는 이 책을 통해 더욱 통 큰 신앙의 세계를 만나게 될 것이다. 세상 나라의 방식이 아니라 하나님 나라의 방식으로 신앙과 삶을 연결하길 원한다면, 이 책을 손에 들고 살아 보기를 적극 추천한다.

유임근 목사 | KOSTA 국제본부

· 프롤로그 ·

우리의 싸우는 무기는 육신에 속한 것이 아니요 오직 어떤 견고한 진도 무너뜨리는 하나님의 능력이라 모든 이론을 무너뜨리며

| 고후 10:4

고린도후서 10장 4절은 사실 이 책의 핵심을 꿰뚫고 있다. 우리는 하나님의 능력으로 모든 이론을 무너뜨리며 살아야 한다. 그런데 우리의 삶 속에 자리 잡은 '나의 상식, 나의 이론, 나의 고정 관념'은 쉽게 무너지거나 바뀌지 않는다. 거기에 세월이라는 경험까지 얹어지면 종교 수준이 된다.

그리고 가장 큰 문제는 이 상식과 고정 관념이 키위 새를 닮았다는 것이다. 키위 새는 땅 위에서 자신의 필요를 얻게 되면서부터 날기를 포기했다. 새라면 날아야 하지만, 편리함과 익숙함에 젖은 키위 새는 퇴화를 진화로 여기게 되었다. 그런데 우리에게도 이런 모습이 있다. 점점 뒤처지면서도 그 상태에 익숙해지는 자신을 발견한다. 그러고는 이렇게 자기 합리화를 한다. "내 덕에 이 정도 된 거야." 하지만 이런 생각은 막돼먹은 못된 송아지 같은 자기만족에 불과하다.

'버펄로 이론'이라는 것이 있다. 들소들이 대륙을 횡단할 때, 가끔 늑대 무리를 만나게 된다. 그러면 들소들은 달리기 시작한다. 그리고 그 소동은 꼴등 소나 약한 소가 늑대 무리에게 희생되고서야 멈춘다. 결국,

가장 약한 소가 희생됨으로써 무리가 사는 것이다. 그런데 종종 이런 착각을 한다. 자신이 이런 약한 소, 즉 커트라인을 긋는 소인데 자기가 마지막에 달리고 있어서 조직이 유지되고 있다고 믿는 것이다. 그러나 잘 생각해 보라. 자신이 희생해서 가족과 공동체가 유지된다고 믿고 싶겠지만, 진실은 그가 가장 느린 자요 가장 약한 자라는 사실 뿐이다. 한마디로 키위 새처럼 퇴화를 성장으로 믿는 자기 합리화의 망상일 뿐이다.

이 책은 당신에게 계속 질문할 것이다. 당신을 움직이게 하는 것은 무엇인가? 익숙함에 머물며 자기 합리화로 살고 있지는 않은가! 버펄로 이론의 꼴등 소처럼 정신 승리를 하고 있는가! 아니면 하나님의 능력으로 세상의 "견고한 진"을 무너뜨리며 나아가고 있는가? 이 여정은 단순히 새로운 이론을 제시하는 것이 아니다. 오히려, 내 마음속에 이미 존재하는 세상적 이론을 재검토하고, 우리의 사고와 삶의 방식을 새롭게 하려는 시도다.

지금 이 순간, 당신의 결단이 필요하다. 만약 하나님의 능력을 붙들고 살기로 결단한다면, 당신은 이 책을 통해 새로운 믿음의 이론을 배우고, 이전에는 걸어 보지 못한 믿음의 여정을 가게 될 것이다. 자, 이제 나의 개똥 이론 따위는 버리고 하나님의 능력으로 인생의 새로운 장을 열어 보자! 새로운 공동체의 시대를 열어 보자. 함께하자. 그대여.

2024. 10.
궁인

· 감사의 글 ·

처음 이 책에 대한 아이디어를 얻은 때는 2016년이었다. 베트남에서 종교 공안들에게 탄압받으면서도 믿음으로 견뎌 보려고 노력할 때였다. 세상의 우상을 주님의 능력으로 이겨 보자는 아이디어에서 시작되었다. 그러나 미국 이민 목회와 코로나19 팬데믹 기간을 지나면서, 목회는 일종의 생존 싸움이 되었다. 그럼에도 불구하고 여전히 글을 쓰도록 마음의 부담과 격려를 해 주신 분들이 있다. 이들에게 깊은 감사를 전하고 싶다. 고통스러운 시기 중에도 집필에 대한 소망을 유지할 수 있도록 힘을 주신 분들이다.

목회의 이정표가 되어 주시는 이동원 목사님, 진재혁 목사님, 길영환 목사님, 정승룡 목사님, 그리고 추천사를 기꺼이 써 주신 많은 선후배 동료 목사님들께 깊은 감사를 드린다. 또한 책을 마칠 수 있도록 물심양면으로 지원해 주신 새누리교회 안수집사님들, 부서장님들 그리고 모든 성도님과 부교역자들에게도 감사를 전한다.

평생의 격려자인 류정현 사모, 내 삶의 거울 같은 큰딸 예나, 일상의 깨달음을 주는 예쁜 딸 예윤, 그리고 많은 글거리를 제공해 준 막내아들 휘에게 깊은 애정과 감사를 전한다. 끝으로, 척박한 선교지인 미국에서 여전히 목회를 이어 가도록 힘 주시고 능력 주시는 나의 주님께 마음 깊은 헌신과 감사를 드린다.

PART 1

마음

깨진 마음의 파편들을 주께로 가져가라

01

자꾸만 무기력에 빠지는가?

✦

상승 정지

증
후
군

✦

상승 정지 증후군(Rising-Stop Syndrome)이란 말을 아는가? 정신과 의사이자 게이오대학 교수인 오코노기 케이고(小此木啓吾)가 발견한 이론으로, 간단히 설명하면 다음과 같다.

사람은 자기 삶이 나아질 거라는 막연한 믿음을 갖고 살아간다고 한다. 적어도 최선을 다하면, 지금보다는 좋아지리라는 믿음이다. 열심히 살면, 벌이가 늘 것이고 아이들도 바르게 성장하고 가정도 더 행복해질 것이라고 믿는 거다. 게다가 신앙까지 있다면, 그 믿음은 사실에 가까워진다. 신이 나의 가정, 자녀, 비즈니스를 도우니 열심히만 하면 된다고 생각한다. 아마도 대부분은 이런 마음으로 하루하루를 버티며 살아갈 것이다. 그러나 안타깝게도 믿음과 달리 우리가 처한 현실은 그렇지 않다. 주변을 둘러보라. 열심히 살지 않는 사람이 어디 있는가? 다 열심히 공부해서 대학 간다. 그런데도 좀처럼 삶은 나아지지 않는다.

그러다가 훅 현타(현실 자각 타임)라도 맞게 되면, 삶이 우울해진다. 기도로 마음을 다잡아 보려고 해도 '앞으로 어떻게 살지?' 하는 걱정을 시작으로 '내 노력은 별로 중요하지 않다'라는 자괴감마저 느끼게 된다. 그러고는 열심히 살았는데도 제자리를 맴도는 자신을 깨닫고, 죽고 싶어진다.

상승 정지 증후군은 다른 것이 아니다. 목표를 향해 열심히 달려왔지만 내 삶이 더 이상 나아지지 않는다고 느끼며 우울과 무기력에 빠지는 증상이다. 그런데 아이러니한 것은 이것은 능력이 모자란 사람이나 게으른 사람이 겪는 증상이 아니라는 것이다. 이 증후군은 오히려 누구보다도 성실하게 열심히 살아온 사람들이 더 많이 걸린다. 평생 열심히 살았는데, 어느 날 되돌아보니 남은 것이 아무것도 없고, 학창 시절에 우습게 여겼던 친구들이 오히려 성공 가도를 달리고 있음을 발견할 때, '그동안 도대체 나는 무엇을 위해서 살아왔던가?' 하는 생각에 빠진다는 것이다.

성경에도 상승 정지 증후군을 겪는 사람이 등장한다. 바로 선지자 엘리야다.

천하의 엘리야도 품었던 마음

엘리야는 성경에 나오는 선지자 중에 단연 최고의 능력자다. 그 스스로 "내가 만군의 하나님 여호와께 열심이 유별"(왕상 19:10)하다고 여러 번 말할 정도였다. 여기서 "유별"이란 '특별하다'라는 뜻으로 개역한글 성경은 이를 "특심"으로 번역했다. 그는 열심히만 한 것이 아니라 아주 잘하기까지 했다. 완전 초능력자다.

사르밧 과부가 "가루 한 움큼과 병에 기름 조금"(왕상 17:12)을 가지고 먹을 것을 만들어 주자 "그 통의 가루가 떨어지지 아니하고 그 병의 기름이 없어지지"(왕상 17:14) 않는 기적을 베풀었으며 심지어 그녀의 죽은 아들을 다시 살리기까지 했다. 그뿐 아니라 날씨도 조절했다. 그가 기도하면 3년 동안 비가 안 내리기도 하고, 다시 내리기도 했다. 이방 선지자와 850대 1로 싸워서 이기기도 했으니 웬만한 드라마 주인공과는 비교도 할 수 없다. 심지어 마지막은 거의 탈 인간급이다. 무려 "불수레와 불말들"이 나타나 엘리야를 "회오리바람"에 싣고 하늘로 올리어 갔다(왕하 2:11). 죽음을 초월한 것이다. 그냥 인간계가 아니다.

그런 그에게도 인생의 전환점이 찾아온 적이 있다. 끝나지 않을 듯했던 그의 초능력의 삶이 그즈음 멈추었다. 한 여자 때문이었다. 그렇다고 사랑하는 여자는 아니고, 아합왕의 아내이자 바알을 숭배하던 이방인 이세벨이라는 원수였다. 성경은 "이세벨이 사신을 엘리야에게 보내어 이르되 내가 내일 이맘때에는 반드시 네 생명을 저 사람들 중 한 사람의 생명과 같게 하리라 그렇게 하지 아니하면 신들이 내게 벌 위에 벌을 내림이 마땅하니라 한지라"(왕상 19:2)라고 기록한다. 한마디로 엘리야에게 살인 예고를 한 셈이다.

그런데 사실 초능력자에게는 살인 예고 같은 협박이야 늘 있는 일이 아닌가! 그러나 이날만은 달랐다. 이세벨의 말이 그를 힘들게

했고, 그 말 때문에 삶이 멈추었다. 엘리야가 믿음이 없고, 죽음을 두려워해서 초능력의 삶이 멈춘 것은 아니다. 그를 멈추게 한 다른 무엇인가가 분명히 있었다. 무엇일까?

그를 멈추게 한 것은 바로 '다 소용없다는 마음'이다. '아무리 노력한들 무슨 소용이 있겠나? 나 혼자서 열심히 해 봤자 상황은 바뀌지 않아! 하나님은 도대체 뭘 하시는 거야? 나는 할 만큼 했다고!' 하는 마음이다. 당신도 한 번쯤 품어 봤을 법한 바로 그 마음이다.

'이렇게 열심히 한들 인생이 바뀌나? 내 형편에 집 한 칸이나 마련하겠어? 결혼을 할 수 있겠나, 자녀를 키울 수 있겠나? 노력이 나를 배신하고, 운이 나를 비껴가는 것이 어디 한두 번인가!'

그 마음이 다음 구절에서 잘 표현되었다. 엘리야는 "이 형편을 보고 일어나 자기의 생명을 위해 도망"(왕상 19:3)하였다. 여기서 무엇을 볼 수 있는가? "형편"이라는 단어가 눈에 들어온다. 이세벨의 한마디에 엘리야는 자신의 보잘것없는 형편을 보았다. 아무리 노력해도 형편은 바뀌지 않을 것이다. 노력하는 천재라도 아무것도 바뀌지 않는 상황 속에서는 철저히 절망할 수밖에 없었고, 급기야 분노하기까지 했다. 그의 분노는 강렬했다. 그래서 광야로 들어가 한 곳을 향해 달렸다. 바로 호렙산이다. 그가 호렙산을 선택한 이유는 간단하다. 하나님이 모세를 만나셨던 그 산, 호렙산에서 하나님을 만나 따져 보려는 것이다. 그는 하나님을 뵈면 가만히 안 있겠다는 마음으로 거의 700km쯤 떨어진 호렙산을 향해 거침없이 나아갔다.

하룻길쯤 가서는 로뎀나무 아래에 앉아 다짜고짜 한마디를 했다.

> 여호와여 넉넉하오니 지금 내 생명을 거두시옵소서 나는 내 조상들보다 낫지 못하니이다 | 왕상 19:4

조상들보다 부족한 자신을 죽여 달라고 한 것이다. 그런데 그 타이밍이 좀 이상하다. 이세벨이 죽인다고 할 때는 살려고 피신했던 그가 하나님 앞에서 차라리 자기를 죽여 달라고 청한다. 정말로 죽고 싶었다면, 있던 자리에서 편하게 죽었으면 그만이다. 그런데 왜 이렇게까지 멀리 와서 죽여 달라고 하겠는가! 무엇 때문에 북이스라엘의 선지자가 남유다 최남단 브엘세바까지 고생스럽게 내려와서 죽는단 말인가?

성경을 자세히 들여다보면, 엘리야의 말투에서 그의 숨겨진 마음을 발견한다. 바로 '불만'이다. "하나님, 너무하시네요. 이쯤 되면 저를 도와주셔야 하지 않습니까? 지금 뭘 하십니까? 당신이 나설 차례가 아닙니까? 이럴 거면, 차라리 저를 죽여 주십시오!" 이 말이다.

혼자가 아니다

과연 하나님이 그를 죽이셨을까? 놀랍게도 하나님은 마구잡이로 대드는 엘리야에게 아무런 말씀도 하지 않으셨다. 되레 천사를 보내어 로뎀나무 아래에서 잠자는 그를 어루만지게 하셨고, 심지어 그의 "머리맡에 숯불에 구운 떡과 한 병 물"(왕상 19:6)을 차려 주게 하셨다. 이에 엘리야는 먹고 마시고 다시 눕기도 하였다. 아무 말 없이 먹여 주시는 하나님의 '츤데레' 사랑이다. 마치 하나님이 "밥은 먹고 다니니?" 하고 물으시며 친히 챙겨 주시는 것만 같다.

어릴 때를 생각해 보라. 배가 아파서 아무것도 못 먹을 때, 어머니가 "엄마 손은 약손"이라며 배를 어루만져 주시지 않았던가. 그러고는 밥상을 차려 주셨다. 그때 우리는 어머니의 약손 덕분에 "어, 이제 배가 안 아프네" 하면서 밥상을 받았던 기억이 있지 않은가! 하나님의 만지심과 먹이심이 이와 같다. 위로의 마음이다.

하나님이 먹이고 도와주신 덕분에 마침내 엘리야가 호렙산에 도착한다. 그런데 그곳에서도 마음에 품었던 원망을 쏟아 놓는다.

> 오직 나만 남았거늘 그들이 내 생명을 찾아 빼앗으려 하나이다
> | 왕상 19:10

그의 말은 자기 혼자서 북 치고 장구 치고, 죽을 둥 살 둥 노력했는데, 아무 소용도 없었다는 뜻이다. 하나님은 어디 숨어 계시다가 이제야 나타나셔서 떡 한 덩이와 물 한 병을 주고는 생색을 내시는가 하고 묻는 셈이다. 한편으론 그의 심정이 이해된다. 그러나 하나님은 그에게 분명하게 말씀하신다.

> 내가 이스라엘 가운데에 칠천 명을 남기리니 다 바알에게 무릎을 꿇지 아니하고 다 바알에게 입 맞추지 아니한 자니라
> | 왕상 19:18

그가 혼자가 아니며 숨은 하나님의 사람이 7,000명이나 더 있다는 말씀이다. 그러니 혼자서 아무 말 대잔치나 하지 말고, 제발 정신 차리라고 말씀하신다.

우리는 절대 혼자가 아니다. 힘든 삶에서 불현듯 닥치는 배신감과 외로움 때문에 혼자 남겨진 것처럼 느껴질 때가 있지만, 절대로 착각해서는 안 된다. 우리는 혼자가 아니다. 우리에게 에너지를 주시는 하나님이 계시고, 특히 하나님이 남겨 두신 사람들이 있다. 함께 울고, 힘이 되어 줄 사람들을 예비해 두셨다. 그러니 제발 다시 일어나 도전하라. 상승이 멈추었다고 포기하지 말고, 하나님의 위로를 얻고 다시 시작하자.

오래전에 〈늑대들의 합창〉이라는 다큐멘터리를 본 적이 있다. 늑대들이 사는 툰드라 지대는 한 해의 대부분이 겨울이고, 기온은 영하 32℃ 정도라고 한다. 그래서 먹잇감을 찾기가 쉽지 않다. 게다가 추워질수록 생존을 위해 에너지를 더 많이 비축해 두어야 하므로 우두머리 늑대 혼자서 정찰하며 먹잇감을 물색한다. 사냥도 안 하는데, 다 같이 몰려다닐 필요가 없는 것이다. 오직 가장 역할을 맡는 우두머리의 일이다.

그런데 먹잇감 찾는 일에 계속 실패하게 되면, 심각한 문제가 발생한다. 늑대 무리에 다툼이 일어나는 것이다. 우두머리를 신뢰하지 못하는 무리가 죽이려고 덤벼든다. 우두머리 늑대가 먹이를 찾지 못하면, 동료들에게서 죽임을 당하게 될 것이다. 그런데 이처럼 내분이 일어나면, 우두머리 늑대 한 마리만 죽는 것이 아니다. 늑대 무리가 아사하게 된다. 사냥을 위해서는 적어도 다섯 마리, 많으면 열 마리가 필요한데, 내분으로 흩어지면 사냥하지 못하므로 모두 굶어 죽게 되는 것이다.

이런 위기에 직면하면 우두머리 늑대는 긴 울음소리를 서럽게 내기 시작한다. 가족을 먹이지 못한 우두머리의 미안함과 처량함이 묻어 나는 울음이다. 그러면 그를 따르는 늑대 무리가 그보다 약간 낮은 톤으로 따라서 운다. 심지어 우두머리를 죽이려고 했던 무리까지도 울음에 동참하면, 툰드라 지역에 늑대들의 서럽고 긴 합창

이 가득 차게 된다. 이렇게 한동안 늑대들이 울고 나면, 늑대 무리는 다시 하나가 된다. 지난 어려움과 갈등을 뒤로한 채 다시 뭉쳐 새롭게 사냥에 나설 단결력을 찾는 것이다.

다시 시작하라

혼자라고 외로워하지 말라. 우리와 함께하는 지체들이 있다. 아무도 안 보이는 것 같아도 주님이 우리와 함께하신다. 당신을 위해 함께 울어 주시는 주님이 계신다. 성경에는 예수님이 웃으셨다는 기록이 없다. 우셨다는 기록만 있을 뿐이다. 예수님은 우리 아픔을 아셨고, 우리를 긍휼히 여기셨으므로 늘 눈물로써 우리를 사랑하셨다. 예수님의 눈물은 우리 아픔을 아시는 눈물이요 우리의 외로움과 함께하시는 눈물이요 우리의 상처와 형편을 아시는 눈물이다.

주님이 흘리신 눈물의 값을 안다면, 지금 당장 당신의 형편이 막혀 있고, 노력해도 되지 않을 것처럼 미래가 암담해 보일지라도 당신은 헤쳐 나갈 수 있다. 무엇보다도 당신을 위해 기도하는 사람들이 있다. 이 기도에 힘입어서 다시 시작해 보라. 주님이 계시고, 당신을 응원하는 사람들이 반드시 있다! 다시 시작하자.

02

마음속으로 늘 비교하고 있는가?

◆

이웃 효과

◆

자녀를 키우다 보면, 어느새 아이들이 철들었다고 느껴지는 때가 있다. 그런데 그 순간이 어색하고 불편하게 다가오기도 한다. 나는 그랬다. 코로나19 팬데믹 시기에 아이들이 집에서 인터넷 수업을 할 때였다. 아마도 수업 시간에 자기 집과 방을 소개하는 시간이 있었나 보다. 수업을 마친 6학년 둘째가 아내와 나에게 이렇게 물었다.

"아빠, 우리 가난한 거야?"
부모로서 대답하기가 참 힘든 질문이다. 아내가 대답했다.
"우린 가난하지 않아. 그렇다고 부자도 아니야."
아마도 아내 나름에는 굉장히 지혜롭고 중립적인 대답을 한다고 했을 것이다. 아이가 나에게 다시 물었다.

"아빠, 돈 잘 벌어?"
마음이 복잡했다. "아빠는 목회자야. 목회자는 말이지…." 이러면서 설명하기에는 아이가 충분히 이해하지 못할 듯하고, 그렇다고 "사명을 품은 사람은 하나님의 말씀이 우선이야!"라고 말하자니, 목사인 나도 사명을 감당하기가 어려운데 6학년 딸아이에게는 더 어렵게 느껴질 듯했다. 아무래도 뾰족한 답이 없어 보였다. 그래서 이렇게 말해 주었다.

"우리는 이층집에 차도 두 대나 있잖아. 다른 선교지에서 살 때보다 집도 더 넓어지고 좋아지지 않았니?"

이어지는 딸아이의 대답이 가관이었다.

"그러니까 그게 가난한 것 아니야? 미국 사람들은 다 차가 두 대야, 메모리얼에 사는 다른 친구들은 집에 수영장도 있고, 공주가 사는 성처럼 으리으리한데…. 걔네는 차가 서너 대 정도 있대."

아빠 체면에 물러설 수는 없어서 이렇게 말했다.

"우리가 부자 동네에 살아서 그래. 다른 사람들이 너무 부자여서 우리가 상대적으로 없어 보이는 거야. 하지만 사실 우리도 넉넉하게 잘살고 있단다."

그랬더니 딸이 알았다고 했다. 그런데 그 "알았다"라는 대답은 이런 의미였다. '그렇지, 우리도 부자지…. 이 동네에 부자가 많아서 티가 안 나는 거지.' 이런 게 아니라 '그래, 알아. 아빠, 수고하고 있어. 내가 이해해'라는 거였다. 어떻게 해야 부자 동네에서도 우리가 나름대로 잘살고 있음을 보여 줄 수 있을까? 아마도 누군가와 늘 비교당하는 사람에게는 힘든 일일 것이다.

이것은 비단 아이들만의 문제가 아니다. 어른들에게도 중요한 문제이고, 경제학에서도 중요한 문제다. 이처럼 이웃과 비교하면서 자신의 부와 사회적 위치를 확인하는 것을 이웃 효과(Neighbor Effect)라고 한다. 즉 이웃보다 부족하면 불행해지고, 이웃보다 많으면 행복해진다는 이론이다. 스스로 만족하고, 얼마나 축복받았는지를 아는 것은 중요하지 않다.

근심은 끝이 없다

미국의 문화 비평가 헨리 멘켄(Henry L. Mencken)은 이렇게 말했다.

"부자란 자기 동서보다 1년에 100달러를 더 버는 사람이다."
(A wealthy man is one who earns $100 a year more than his wife's sister's husband.)

이웃 효과를 정말로 잘 표현한 말이다. 당신도 남보다 많이 가져야 행복하다고 생각하는가? 남과 비교해서 더 있으면 좋다고 믿는가? 그러나 예수님은 어리석은 부자 이야기(눅 12장)를 통해 다른 가르침을 주신다. 먼저 이렇게 선언하셨다.

> 삼가 모든 탐심을 물리치라 사람의 생명이 그 소유의 넉넉한 데 있지 아니하니라 | 눅 12:15

그렇다. 어리석은 부자는 모든 것을 가지고 있었지만, 한 가지를 몰랐다. 그는 생사화복을 주관하시는 하나님이 계신다는 사실을 잊었다. 그는 가진 것이 많다 보니 생명마저도 자기 마음대로 할 수 있다고 착각했던 것 같다. 착각에 빠진 부자에게 성경은 "어리석은 자여 오늘 밤에 네 영혼을 도로 찾으리니 그러면 네 준비한 것이 누구의 것이 되겠느냐"(눅 12:20)라고 묻는다.

이 어리석은 자의 모습이 꼭 우리 같지 않은가? 비교는 잘하면서, 지혜 없는 우리 말이다. 예수님은 이 이야기를 통해 남과 비교하면서 불행하게 살지 말고, 진정한 부요함을 누리라고 말씀하신다.

그런데 진정한 부요함은 어떻게 해야 누릴 수 있을까? 우선, 땅의 것은 근심만 더한다는 것을 깨달아야 한다. 어리석은 부자는 "그 밭에 소출이 풍성하매 심중에 생각하여 이르되 내가 곡식 쌓아 둘 곳이 없으니 어찌할까"(눅 12:16-17) 하고 생각하였다.

아마도 그의 비즈니스는 매우 성공적이었던 듯하다. 소출이 많아졌으니 먹고사는 데 걱정이 없을 터였다. 그런데 만족해도 될 만한 그때, 그의 생각을 사로잡은 것은 다름 아닌 근심이었다. 그는 생각 끝에 "내 곳간을 헐고 더 크게 짓고 내 모든 곡식과 물건을 거기 쌓아 두리라"(눅 12:18) 하고 다짐했다. 인생이 잘 풀리고 있는데도 근심은 끝이 없다. 물론 돈만 생긴다면, 이런 근심은 사서도 하겠네 하는 사람도 있겠지만….

어떤 교수가 세미나에 참석한 사람들에게 이런 질문을 던졌다. "만약에 100억짜리 로또에 당첨된다면, 당신은 뭘 하겠습니까?" 그날 세미나에 참석한 사람의 60%는 이것을 하겠다고 답했다. 무엇일까? 바로 '이혼'이다. 사람의 생각이 얼마나 악한지, 놀랍지 않은가! 명심하라. 물질이 불행의 씨앗이 될 수 있다는 것은 만고의 진리다. 그래서 주님이 행복이나 영생은 "소유의 넉넉한 데" 있지 않다고 가르치시지 않았는가! 그러므로 탐심을 물리치라!

세계적인 부호 록펠러(Rockefeller)가 탐심에 관해 남긴 에피소드가 있다. 한번은 신문 기자에게 이런 질문을 받았다. "당신은 부자인데, 당신이 모은 재물로 만족하십니까?" 록펠러가 "아니요!"라고 대답하자 기자가 다시 물었다. "그러면 얼마나 더 가져야 만족하시겠습니까?" 그때 록펠러가 유명한 말을 한다.

"조금만 더!"(Just a little bit more!)

엄청난 부를 소유한 사람도 더 챙기고, 더 모으고 싶은 마음은 버리기가 어려운 모양이다. 그러나 이 '조금만 더'가 우리를 사망으로 인도하는 '작지만 치명적인 유혹'이라는 사실을 잊지 말라.

조금만 더!

우리 둘째가 초등학교 2학년 때의 일이다. 둘째 아이의 책가방이 늘 무거워 보였다. 안 그래도 가녀린 여자아이인데 허리가 휘어지도록 무거운 가방을 메고 학교에 다녔다. 그래서 딸에게 물어보았다. "학교에 사물함이 없어? 거기에 물건을 넣고 다니면, 무겁게 안 들고 다녀도 되잖아?" 그랬더니 사실 개인 사물함이 있어서 거기에 학용품을 보관해도 된다고 대답했다. 그런데 심지어 가방에 있는 물건 중에는 매일 필요하지 않은 것도 있다고 했다. 그래서 답답한 마음에 다시 물었다. "그럼, 왜 이렇게 다 가지고 다니니?" 그랬더니 어떻게 하면 소지품과 준비물을 잊지 않고 챙길지 고민하다가 좋은 방법을 찾았는데, 아예 전부 가방에 넣고 다니는 것이란다. 이렇게 다 들고 다니면 마음이 편하다고 했다. 그래서 무거운 가방을 매일 기꺼이 들고 다닌다고 했다.

이처럼 사람마다 꼭 챙기는 것들이 있고, 저마다 이유가 있다. 꼭 비싼 물건이어서가 아니다. 그것보다는 '내 것'이기 때문이다. 내 것이면 비싸든 싸든 챙긴다. 어리석은 부자가 한 말을 잘 새겨 보라.

> 심중에 생각하여 이르되 내가 곡식 쌓아 둘 곳이 없으니 어찌할까 하고 또 이르되 내가 이렇게 하리라 내 곳간을 헐고 더 크게 짓고

> 내 모든 곡식과 물건을 거기 쌓아 두리라 또 내가 내 영혼에게 이르되 영혼아 여러 해 쓸 물건을 많이 쌓아 두었으니 평안히 쉬고 먹고 마시고 즐거워하자 하리라 하되 | 눅 12:17-19

'나'라는 말이 얼마나 자주 나오는가! 성경 원문에는 '내, 나의'라는 말이 열두 번이나 나온다. 이는 부자가 철저히 자기중심적이며 이기적인 사고를 하고 있음을 나타낸다.

성서학자 윌리엄 바클레이(William Barclay)는 '내, 나의, 나의 것'이란 단어들을 가리켜 '침략의 대명사'라고 말했다. 왜냐하면 남과 비교해서 내가 조금이라도 부족하면, 우리는 여지없이 자기중심적으로 돌변하기 때문이다. 이때부터는 양보나 선행 따위는 없다. 남보다 많아질 때까지 더 가져야 하는 것이다. 남을 이길 때까지 해 봐야 하는 것이다.

그러나 지금도 남과 비교하면서 이것저것 다 가져야 하고, 다 챙겨야 하는 사람이 있다면, 우리 둘째 딸의 결말을 기억하라. 하루는 딸이 울면서 집으로 왔다. 왜 우느냐고 물었더니, 대답도 못 할 정도로 서럽게 울기만 했다. 한참 후에야 겨우 울음을 그쳤는데, 이유인즉슨 가방을 잃어버렸다는 것이다. 너무도 소중한 '나의 것들'이 잔뜩, 그것도 왕창 들어 있던 소중한 가방을 그만 잃어버리고 말았다. 잊지 않고 챙기려고 매일 낑낑대며 소중히 메고 다닌 물건들이 가방과 함께 한꺼번에 사라지고 만 것이다.

이 땅의 물질이나 명예는 다 이런 식으로 사라진다. 남과 비교하면서 열심히 내 것을 챙겨 봤자 한 번에 다 잃을 수 있다는 것이다. 그런데 우리는 이것을 깨닫지 못한 채 여전히 남과 비교하면서 "조금만 더! 조금만 더!"를 외치고 있다.

어떻게 하면 남과 비교하는 어리석은 마음을 버리고 항상 부요하게 살 수 있을까? 그 방법은 다른 것이 아니라 이웃을 사랑하는 것이다. 갑자기 웬 이웃 사랑인가 하고 의구심을 품을 수도 있지만, 성경이 제시하는 해답이 바로 이것이다.

모든 것을 가진 부자에게 없는 것이 하나 있었다. 그는 "내가 내 영혼에게 이르되 영혼아 여러 해 쓸 물건을 많이 쌓아 두었으니 평안히 쉬고 먹고 마시고 즐거워하자 하리라"(눅 12:19)라고 말하였는데, 여기에는 '친구와 함께, 이웃과 함께'와 같은 타인을 배려하는 말이 없다. 이 어리석은 부자를 가리켜 예수님이 말씀하셨다.

> 자기를 위하여 재물을 쌓아 두고 하나님께 대하여 부요하지 못한 자가 이와 같으니라 | 눅 12:21

여기서 "하나님께 대하여 부요하지 못한 자"란 과연 무슨 뜻일까?

이것은 이웃 사랑과 어떻게 연결되는가?

하나님은 늘 부요하신 분이고, 우리에게 부요함을 주시는 분인데, 우리가 어떻게 하나님을 부요하게 한다는 말인가? 하나님을 부자로 만들어 드린다는 것인가? 아니다. 이 말의 뜻은 이것이다. 마태복음 25장에서 예수님이 하신 말씀처럼, "지극히 작은 자 하나에게 한 것"(마 25:40)이 곧 하나님께 하는 것이다. "지극히 작은 자", 곧 가난한 자들을 돌보는 것이야말로 하나님을 부요하게 하는 것이라는 뜻이다.

이것은 늘 남과 비교하며 힘들어하는 우리 인생에게 주시는 하나님의 해답이다. 누군가와 비교하며 자기에게 없는 것 때문에 힘들어하지 말고, 나보다 더 힘든 인생을 사는 연약한 자들을 돌보라는 것이다. 더 정확히는 이것이 비교 강박에 시달리는 우리 인생을 고치는 길이라는 말씀이다. 하나님이 재물을 주신 이유는 남과 비교하면서 더 가졌음을 행복해하라는 것이 아니다. 오히려 가진 것을 기꺼이 나누라는 것이다. 남과 비교하면 끝이 없다. 늘 불행해진다. 그러나 나누기 시작하면, 남의 기쁨도 나의 기쁨이 되고, 남의 행복이 나의 행복이 된다. 그저 부유해진다.

비교 강박증에서 벗어나는 길

프랑스 사람들이 존경하는 아베 피에르(Abbé Pierre) 신부는 빈민 구호 공동체 엠마우스 재단을 창설한 사람이다. 그는 2007년 94세를 일기로 소천할 때까지 '빈민의 아버지'로 살았다.

한번은 어떤 청년이 자살 직전에 피에르 신부를 찾아왔다. 그는 자신이 겪고 있는 가정 문제, 경제 파탄 문제, 심리적 절망 등의 이유로 죽을 수밖에 없다고 말했다. 피에르 신부는 그의 이야기를 다 듣고 나서 마음 깊이 공감하며 이렇게 말했다.

"자살할 분명한 이유가 있네요. 그런 상황이라면, 나라도 살 수가 없겠어요. 그런데 죽기 전에 잠시 나를 도와주고 죽으면 안 되겠습니까?"

청년은 "어차피 죽을 건데, 신부님이 필요하시다면 죽기 전에 잠시만 돕도록 하지요"라고 대답하며 신부의 요청을 수락했다. 그리고 집 없는 사람들에게 집을 지어 주는 일을 얼마간 도왔다. 결국, 그 청년은 자살에 성공했을까? 과연 어떤 유언을 남겼을까? 결론적으로, 그는 자살하지 않았고, 유언 대신 다음과 같은 간증을 남겼다.

"신부님이 내게 돈을 주셨거나 숙소를 구해 주셨더라면, 아마도 나는 다시 자살을 시도했을 것입니다. 그러나 신부님은 내게 아무것도 주지 않으셨고, 오히려 내게 도움을 요청했습니다. 신부님과 같이 일하면서 나는 살아야 할 충분한 이유를 찾았고, 마침내 행복이 무엇인지를 알게 되었습니다."

이제 당신도 비교 강박증에서 벗어나는 길을 알았을 것이다. 바로 남을 돕는 것이다. 이것이 하나님께 대하여 부요하게 만들고, 자기 자신을 더욱 부요하게 만드는 비결이다. 남과 비교하면 할수록 마음은 더욱 힘들어지지만, 타인을 도우면 내가 살아나고, 내가 부요해진다. 그러므로 이제부터 비교를 그만두고 나눔을 실천하자. 그러면 내가 산다! 세상 누구보다도 부요한 자로 살 수 있게 된다.

03

늘 마음 깨질 일만 생기는가?

✦

깨진 유리창 이론

✦

"야 그게 얼마짜린데 깨트려!!!"

"우리 사이는 이제 깨졌어."

"회사에서 또 깨졌네."

"으, 얼마나 공들인 계약인데…. 그게 깨지다니…."

"모든 꿈이 산산이 깨져 버렸다."

"어제 산 핸드폰 액정이 깨져 버렸어."

사실, 오늘도 우리는 깨지면서 살아간다. 우리가 사는 이 땅은 깨지지 않으면 살 수 없는 세상이다. 간단한 약속에서부터 결혼과 소망이 깨지기도 한다. 간절한 소망이 깨지는 것을 경험해 보았다면, 그것이 얼마나 진절머리 나도록 견디기 힘든 순간인지를 잘 알 것이다. 특히 요즘같이 노력해도 되는 일이 없는 세상에서는 더더욱 그러하다. 그런데 이처럼 깨지지 않으면 살 수 없는 세상에서 우리가 살펴보아야 할 이론이 하나 있다.

바로 미국의 범죄학자 조지 켈링(George L. Kelling)과 제임스 윌슨(James Q. Wilson)이 주장한 깨진 유리창 이론(Broken Windows Theory)이다. 핵심은 간단하다. 깨진 유리창을 방치하면, 그곳을 중심으로 범죄가 확산된다는 것이다. 이런 경향은 잘사는 동네건 가난한 동네건 마찬가지다. 깨진 유리창만 있으면, 그곳은 곧 범죄의 온상이 된다.

사실, 우리는 모두 이 이론을 경험한 바 있다. 주변이 깨끗하면 쓰레기를 버리기가 어렵다. 그런데 지저분한 곳에서는 쓰레기를 버려도 양심에 크게 찔리지 않는다. 내가 하나 더 버린다고 해서 달라질 것이 없다고 생각하는 것이다. 즉 깨진 유리창 하나가 이곳에서는 죄를 지어도 된다는 엄청난 메시지를 주는 것이다.

우리 마음의 창이 깨질 때도 마찬가지 현상이 일어난다. 사탄이 그 순간을 놓치지 않고, 우리의 깨어진 마음과 삶을 죄악의 소굴로 만들려고 덤벼든다. 깨어진 마음의 창을 고치지 않으면, 깨어진 틈으로 온갖 종류의 마귀가 들어오게 된다.

그런데 깨진 마음의 창을 고치는 방법은 없을까? 그 방법을 알고 있는 한 사람을 소개하고 싶다. 늘 마음이 깨어지는 환경 속에 살았던 사람이다. 그는 바로 우리가 잘 아는 갈렙이다. 성경을 아는 어떤 분들은 '갈렙이 무슨 마음이 깨어지는 삶을 살았어? 오히려 그는 고령의 나이를 극복하고, 가나안을 점령한 위대한 사람이 아니던가?' 하고 생각할 수도 있다.

그러나 기억하라. 갈렙의 위대함은 고령을 극복한 데만 있지 않다. 가나안을 점령한 것에만 있지 않다. 그의 위대함은 벗어날 수 없는 운명의 치명적인 약점에 늘 마음이 깨지고, 섭섭함이 물밀듯 밀려오는 환경에서도 살아남아 축복을 누렸다는 데 있다. 그가 어떤 치명적 약점을 가졌는지를 그리고 그것을 어떻게 극복하고 축복을 누렸는지를 알고 싶지 않은가?

갈렙의 삶을 통해 깨진 마음을 어떻게 고칠 수 있는가를 살펴보고자 한다.

갈렙의 인생을 돌아보다

우리 집에서는 접시나 유리컵을 깨뜨렸을 때 처리하는 방법이 있다. 우선, 아이들이 큰 소리를 내거나 호들갑을 떨지 못하게 한다. 모두 그 자리에 가만히 차분하게 있으라고 한다. 그러고는 다친 사람이 없는지 확인한 후에 한 사람이 홀로 깨진 유리를 치운다.

이렇게 하는 이유가 있다. "엄마! 형이 유리컵을 깨뜨렸어" 또는 "아빠! 엄마가 접시를 깨뜨렸어"라고 크게 소리를 지르면, 사고를 낸 당사자가 놀라 당황하게 되기 때문이다. 그래도 그쯤에서 잘 마무리되면 좋지만, 급한 마음에 유리 조각을 황급히 치우다가 손을 베거나 크게 다칠 수 있다. 깨진 유리 조각이 두 번째 상처를 만드는 것이다. 2차 사고다.

유리 조각을 차분하게 잘 치워야 하는 것처럼 우리의 깨진 마음도 잘 치워야 한다. 다시 말해, 깨진 마음 때문에 다른 것들이 또 깨져서는 안 된다는 것이다. 마음이 깨졌다고, 관계가, 믿음이, 마음이, 소망이 깨져서는 안 되는 것이다. 그럼, 어떻게 해야 깨진 마음을 잘 치울까?

이 문제의 전문가인 갈렙의 이야기를 들어보자. 갈렙은 열두 명의 가나안 정탐꾼 중 한 명으로 40년간 모세를 섬겼던 사람이다. 광야 40년의 세월을 견디고, 축복의 가나안 땅으로 들어간 유일한 두 명 중 한 명이다. 그야말로 믿음의 용사요 영웅이다.

그런데 갈렙의 이름에는 재미있는 구석이 있다. 잘 아는 것처럼 성경 인물의 이름은 성품과 출신을 설명하는 경우가 많다. 가인에게 허무하게 죽임을 당한 아벨의 이름 뜻은 '허무하다'이다. 하나님과 온전히 동행한 에녹의 이름 뜻은 '하나님과 동행하다'이고, 아브라함에게 기쁨을 주고 웃음을 주었던 귀한 아들 이삭의 이름 뜻은 '웃음'이다.

이렇듯 성경 속 인물들의 이름에는 다 뜻이 있다. 성경은 갈렙을 소개할 때마다 이름 앞에 "그니스 사람 여분네의 아들"(수 14:6, 14)을 덧붙인다. 갈렙은 늘 아버지 "여분네"의 이름과 같이 나온다. 왜 그럴까? 왜 성경은 갈렙의 아버지 이름에 이처럼 집착할까?

왜냐하면 갈렙의 출신에 관해 설명하고 싶기 때문이다. 사실, "여분네의 아들 갈렙"은 원래 유대 민족이 아니다. "그니스 사람", 즉 가나안 족속의 하나인 "그니스 족속"(창 15:19)이다. 그니스 족속은 에돔의 후손이다. 에돔은 두고두고 이스라엘의 적이 되었다. 출애굽 한 이스라엘이 광야를 통과하지 못하도록 막은 것이 에돔 족속이다. 에스더를 괴롭힌 하만도 에돔의 족장이었던 아말렉의 후손이다. 예수님이 태어나실 때 유아를 학살한 악명 높은 헤롯왕도 에돔 사람이다. 이 정도면 갈렙은 이스라엘 민족의 지도자는 고사하고 함께 사는 것조차 쉽지 않았을 사람이다.

그런데 그의 아버지 여분네의 이름 뜻은 '돌아서다'(turn away)이다. 그래서 신학자들은 갈렙의 아버지 여분네가 에돔을 떠나 이스라엘로 귀화한 사람이라고 믿는다. 그러나 귀화했어도 이방 출신이라는 과거는 그리 쉽게 지워지지는 않았을 것이다. 그렇기 때문에 갈렙은 귀화했음에도 불구하고 이스라엘 백성 가운데 원수의 자손으로 살아야 했을 것이다. 그 증거가 바로 갈렙이라는 이름이다.

갈렙에는 '개'(dog, 히브리어로 칼레브)라는 뜻이 있다. 당시 이스라엘 사람들은 개를 부정한 짐승으로 여겼고, 이는 더럽고 천한 이방인을 상징했다. 칼레브(개)가 얼마나 치욕적인 말이었으면, 다윗이 손에 물매를 가지고 나아오자 골리앗이 "네가 나를 개로 여기고 막대기를 가지고 내게 나아왔느냐 하고 그의 신들의 이름으로 다

윗을 저주"(삼상 17:43)할 정도였다.

이처럼 편견에 가득 찬 이름을 가지고 사는 것이 쉽겠는가? 욕이라고밖에 할 수 없는 이름을 가진 갈렙의 삶에는 불평등과 차별이 깃들어 있다. 갈렙의 일상은 조롱으로 인한 낙심과 절망이라는 고난의 연속이었을 것이다. 매사에 남들보다 더 양보하고, 더 일해야만 겨우 욕을 먹지 않는 인생을 살아왔을 것이다. 그러나 갈렙은 상처로 인해 깨진 마음의 파편들이 믿음을 망가뜨리도록 허락하지 않았다.

여호와께서는 오히려 그를 가리켜 "내 종 갈렙은 그 마음이 그들과 달라서 나를 온전히 따랐은즉 그가 갔던 땅으로 내가 그를 인도하여 들이리니 그의 자손이 그 땅을 차지하리라"(민14:24)라고 말씀하셨다. 갈렙은 마음이 깨지는 상황에서도 여호와를 온전히 따랐다. 즉 언제나 하나님께 집중했다는 뜻이다. 그의 집중의 비결은 간단하다. 소문이나 험담에 좌지우지되지 않았다. 자신을 개라고 놀리는 사람들에게서 아무런 영향도 받지 않았다. 어떤 부당함도 신앙으로 잘 이겨 냈을 뿐만 아니라 오히려 그들을 용서하였을 것이다.

용서에 관해 오랫동안 연구했으며 스탠퍼드대학교에서 '용서 프로젝트'를 이끌고 있는 프레드 러스킨(Dr. Fred Luskin) 교수는 "용서란 자기가 원하는 것을 삶이 허락하지 않을 때도 평화롭게 살아가는 법을 배우는 것"이라고 말한다. 원하는 삶이 펼쳐지지 않아도 편안하게 사는 것, 그것이 바로 용서다. 아마도 갈렙은 용서를 통해 마음의 평화를 얻는 방법을 익힌 신앙의 대가였을 것이다.

이제 우리도 갈렙의 비결을 배워 보자. 태풍 속에서도 고요를 누리며 살아 보자. 그러기 위해서 무엇인가로 인해 내 마음이 깨어져도 용서해 보자. 그렇게 용서할 때, 나에게 행복이 오고 축복이 주어진다는 것을 믿어 보자.

욥을 기억해 보라. 그가 고난 후에 회복되고, 다시 축복받게 된 것은 단순히 회개해서만이 아니다. 축복은 그가 용서할 때부터 시작되었다. 욥기 42장 10절을 보면, "욥이 그의 친구들을 위하여 기도할 때 여호와께서 욥의 곤경을 돌이키시고 여호와께서 욥에게 이전 모든 소유보다 갑절이나 주신지라"라고 기록하고 있다. 욥을 위로하는 척하면서 그의 마음을 괴롭혔던 친구들을 그가 용서하고, 오히려 그들을 위해 기도할 때 하나님이 그를 다시 축복해 주셨다. 용서야말로 나를 살리고, 나를 축복하는 비결이다. 내 마음을 깨뜨리고, 나를 아프게 하는 사람이든 환경이든 모두 용서하라. 그때가 바로 축복이 시작되는 순간이다.

소망을 품으면 멀리 날아갈 수 있다

'맘충, 급식충, 한남충' 등 벌레 충(蟲) 자를 붙여서 상대방을 조롱하는 경우가 많다. 벌레의 입장에서 '충'이라는 표현이 이렇게 사용되고 있다는 것을 안다면, 너무나도 억울할 것이다. 벌레들은 우리가 생각하는 것보다 더 지혜로우며, 때론 대단한 의지와 끈기를 보여 주기도 하기 때문이다. 심지어 장래의 소망을 품고, 차근차근 미래를 준비하기도 한다. 거미가 그렇다. 우리는 거미가 거미줄을 치고, 먹이가 걸리기만을 기다린다고 생각하지만, 거미도 날아다닌다. 날개가 없는 거미가 어떻게 나느냐고 반문하겠지만, 실제로 날아다닌다.

독일 베를린공과대학교의 거미 연구에 따르면, 날개 없는 거미가 해발 4.5km 상공까지 몸을 띄워 수백 km를 날아간다고 한다. 찰스 다윈(Charles Darwin)의《비글호 항해기》에도 바다 한가운데서 수천 마리의 붉은 거미가 배 위에 떨어졌다는 기록이 있다. 어떻게 날개도 없는 거미가 바다를 건너고, 수백 km 거리를 날아갈까? 무엇이 과학적으로 설명하기 힘든 기적을 만들어 내는가?

그것은 다른 것이 아니다. 새로운 터전을 향한 소망과 비전이다. 거미가 한 번에 낳는 알의 수는 100-1,300여 개다. 부화한 새끼 거미들이 모두 한곳에서 거미줄을 친다면, 다 굶어 죽고 말 것이다. 그래서 이들은 생존을 위해 새로운 도전을 한다. 거미줄을 길게 뽑아 바람결에 날려 어디로 향하는지도 모를 비행을 시도한다. 이런 도전이 날개 없는 거미가 수백 km를 날게 만드는 것이다.

날개 없는 작은 거미조차 소망을 품고 날아 보려고 노력하는데, 만물의 영장이라고 하는 우리는 어떤 삶의 모습을 보이고 있는가? 벌레를 보고 치를 떨며 경악하면서도 자신이 벌레만도 못한 모습을 보이고 있다는 사실을 아는가?

깨진 마음으로 미련을 품는 대신 소망을 품고 새로운 축복을 꿈꾸며 마음의 그림을 그려 보라. 자신에게 주어질 축복의 땅에 집중하라. 그 비전에 집중하면 할수록 깨진 마음의 상처가 치유될 것이다. 오히려 주님이 주신 비전이 더욱 선명하게 될 것이다. 갈렙이 하나님의 말씀과 약속에 온전히 집중했던 것처럼 말이다. 하나님이 이루실 미래에 집중할 때, 우리에게 어떤 일이 일어날까? 성경은 분명히 말한다. 살아남고, 강해지고, 능력을 받으며 축복까지 얻는다고….

여호수아서 14장 10절을 보면, "이제 보소서 여호와께서 이 말씀을 모세에게 이르신 때로부터 이스라엘이 광야에서 방황한 이 사십오 년 동안을 여호와께서 말씀하신 대로 나를 생존하게 하셨나이다 오늘 내가 팔십오 세로되"라고 기록하고 있다. 갈렙은 여호와께서 "나를 생존하게 하셨나이다"라고 선언한다. 가나안 정탐꾼의 세대가 다 사라졌지만, 여호수아와 갈렙만은 끝까지 살아남았다.

축복의 시작은 무엇인가를 더 얻는 것이 아니라 내가 가진 것을 잃지 않는 것이다. 즉 건강을 잃지 않는 것, 가족을 잃지 않는 것, 명예를 잃지 않는 것이다. 여전히 움직일 수 있고, 기도할 수 있고, 찬양할 수 있는 것이 축복이다. 여전히 생존해서 하나님의 사역에 동참할 수 있다면, 그것이 축복의 시작이다.

그리고 이어지는 갈렙의 축복은 당대 젊은이들과 함께 전쟁에 임할 수 있을 정도로 "여전히 강건"(수 14:11)하였다는 것이다. 그냥 목숨이 붙어 있는 정도가 아니었다. 비전을 바라보는 젊음이 여전히 그에게 있었다. 결국, 갈렙은 가나안 땅을 유산으로 얻었고, 평화의 축복을 받았다. 갈렙의 축복은 깨진 마음의 창을 고치고, 온전히 주님의 말씀에 집중한 결과다. 그는 자신에게 주어질 축복을 늘 마음속에 그리고 있었다.

우리는 세상의 이론이 아닌 하나님의 법칙에 지배받는 사람이다. 우리는 하나님의 말씀처럼 30배, 60배, 100배의 열매를 맺는 삶을 살아야 할 사람이다. 큰 그림을 그리고, 크게 이루어 가야 할 사람이다. 쩨쩨하게 과거의 상처에 매여 낙심하고, 절망하지 마라. 치졸하게 마음 불편한 일에 사로잡히지 말라. 큰 그림을 보고, 큰 그림을 그리라. 주 안에서 꿈꾸며 비전을 세우고, 그것에 집중하라. 그때 당신에게 생존의 축복, 강건의 축복, 능력의 축복, 평안의 축복 등이 임할 것이다.

작은 행동이 놀라운 결과를 만들어 낸다

깨진 유리창 이론에 관한 유명한 일화가 있다. 1990년대 뉴욕은 하루에도 수십 건의 강력범죄가 발생하는 최악의 범죄 소굴이었다. 그때만 해도 뉴욕에서 지하철을 타는 것은 위험한 일로 여겨졌다.

당시 뉴욕 시장이었던 루디 줄리아니(Rudy Giuliani)는 연일 계속되는 범죄 문제 때문에 고민이 이만저만이 아니었다. 범죄를 완전히 뿌리 뽑겠다며 범죄와의 전면전을 선포하고, 경찰 병력을 대폭 늘렸지만, 강력 범죄는 끊이지 않았다. 큰 예산을 들여 우범 지역에 CCTV를 설치하였지만, 기대와 달리 범죄는 줄어들지 않았다. 오히려 예산만 낭비하고 시행하는 정책마다 실패하는 무능한 시장이라는 비난을 받았다.

줄리아니 시장은 절망 가운데 마지막으로 낙서 지우기를 시도했다. 그는 깨진 유리창 이론을 바탕으로 작은 범죄나 무질서를 방치하면 더 큰 범죄로 이어질 수 있다고 믿었다. 그래서 그는 낙서를 지우는 것이 범죄 예방에 효과적이라고 생각한 것이다.

사람들이 죽거나 다치고 있는데, 한가롭게 청소나 하고 있느냐며 여기저기서 비난이 쏟아졌다. 급기야 시민들은 범죄와의 전쟁이 아니라 낙서와의 전쟁이나 하는 것이냐며 강하게 반발하며 시장의 사임을 요구했다. 그런데 놀랍게도 이상한 일이 벌어진다. 낙서 지우기 프로젝트가 시행되자 중범죄가 50% 이상 줄기 시작했고, 프로젝트가 완료되었을 때는 75%까지 줄었다.

낙서를 지웠을 뿐인데, 도대체 왜 범죄가 줄어든 것일까? 불법으로 그려진 낙서가 바로 깨진 유리창처럼 범죄를 저질러도 된다는 무언의 사인이 되었던 것이다. 실제로, 깨진 유리창과도 같았던 낙서를 지우면서 범죄가 사라지기 시작했다. 그렇다. 낙서를 지우는 사소한 행동이 범죄를 막는 중요한 비법이었던 것이다.

당신의 마음속 담벼락에는 어떤 낙서들이 덮여 있는가! '나는 소망이 없어. 나는 부족해. 나는 졸업장이 없어. 돈이 없어. 부모를 잘못 만났어. 건강이 안 좋아. 나는 운이 없어. 나는 팔자가 세….' 이런 원망의 낙서, 미움의 낙서, 오해의 낙서, 거짓의 낙서, 불평의 낙서들이 있지는 않은가! 마음속의 작은 낙서들부터 지워 나가라. 그것이 마음속 깨진 창을 고치는 길이다. 작은 일이 놀라운 결과를 만들어 낸다. 작은 일에 성실히 임하고 온전히 충성할 때, 비로소 하나님의 능력을 경험하게 된다.

고대 그리스의 도시 국가에서 있었던 이야기다. 어느 날, 스파르타의 한 장군이 아들에게 칼을 물려주었다. 그런데 칼의 크기가 좀 작았다. 아들이 아버지에게 물었다. "아버지, 칼이 작고 짧아서 싸울 때 질 수밖에 없어요. 크고 긴 칼을 주시지 왜 작은 칼을 주셨어요?" 그러자 아버지가 대답했다. "칼이 짧으면, 한 발 더 나가서 싸워라."

그렇다. 한 발 더 나가라. 마음이 무너지고, 마음속 창이 깨어져 어려워질수록 당당하게 한 발 더 나가라. 그때 세상의 편견을 깨뜨리는 주님의 능력을 경험하게 될 것이다.

04

나만 손해 보는 것 같은가?

✦

손실 회피

이

론

✦

당신 앞에 한 손에 사탕을 쥔 채 심하게 울어 대는 아이가 한 명 있다고 하자. 너무 시끄러워서 당장 울음을 그치게 하고 싶다. 어떻게 하는 것이 좋을까? "애야, 울지 마라. 안 울면 사탕 하나 더 줄게" 하는 회유법을 쓰는 것이 좋을까 아니면 "그렇게 계속 울면, 사탕을 뺏어 버린다!" 하고 으름장을 놓는 편이 더 좋을까? 심리학적으로 보면, 사탕을 뺏는다고 할 때 아이가 울음을 그칠 확률이 더 높다고 한다. 왜냐하면 사탕을 하나 더 받는 기쁨보다 가지고 있는 사탕을 빼앗기는 고통이 더 크기 때문이다. 이것이 바로 행동경제학에서 말하는 손실 회피 이론(Loss Aversion Theory)이다. 쉽게 말하면, 무엇을 얻을 때의 행복감보다 잃을 때의 고통이 두 배 정도 더 크기 때문에 사람은 무조건 손해를 피하려고 한다는 것이다.

이런 일은 신앙생활에서도 자주 벌어진다. 십자가를 지고 가면서도 깊은 고난의 길보다는 좀 더 편한 길, 손해를 덜 보는 길로 가고 싶어 한다. 특히 전망이 어두워 보인다는 뉴스가 들리면, 더욱 그렇게 된다. 매주 예배드리고 기도하며 주님을 위해서 산다고 하면서도 주님이 피할 길을 주시겠지 하고 기대한다. 손해 보는 길은 어떻게든 피하고 싶은 것이 인간의 마음이다. 그러나 인생을 살아 본 사람은 안다. 소나기를 피할 수 없으면, 오롯이 맞아야 한다는 것을 말이다.

그렇다면 피할 수 없는 손실 앞에서, 피할 수 없는 고난 앞에서 우리는 어떻게 살아야 할까? 예레미야 선지자를 보면, 망할 것 같은 상황에서 어떻게 살아남을지 힌트를 발견하게 된다. 가능하면 손해를 피하고 싶은 우리에게 지혜를 알려 준다.

전쟁 통에 밭을 산다는 것

예레미야는 바벨론이 예루살렘을 멸망시킨 시대에 살았던 인물로 유다 역사상 가장 희망이 없는 최악의 암흑기에 활동했던 선지자다. 성경이 기록한 그 당시의 모습을 보면, 먹을 것이 없어서 부모가 자녀를 잡아먹던 시대다. 손해 보지 않는 것을 넘어서 살아남는 것만이 목표인 시대였다. 이런 최악의 시대에 하나님은 예레미야에게 말씀을 주셨다. 그런데 정말 인간의 상식으로는 이해가 안 되는 엄청난 손해를 감수해야 하는 말씀이었다. 대놓고 예레미야에게 손해를 보라고 하신 것이다.

> 예레미야가 이르되 여호와의 말씀이 내게 임하였느니라 이르시기를 보라 네 숙부 살룸의 아들 하나멜이 네게 와서 말하기를 너는 아나돗에 있는 내 밭을 사라 이 기업을 무를 권리가 네게 있느니라 하리라 하시더니 | 렘 32:6-7

간단히 말해서 밭을 사라는 것이다. 물론 밭을 살 수 있다. 그러나 시기가 문제였다. 예레미야는 바벨론이 남유다를 멸망시키기 직전의 상황에 있었다. 예루살렘이 포위되어 먹을 것조차 없었던 때다.

이런 때는 밭을 사는 것보다는 당장 먹을 것을 구하는 것이 더 중요하다. 밭을 산들 전쟁에서 죽으면 무슨 소용이 있겠는가? 전쟁이 끝나면 주인 없는 땅이 넘쳐날 텐데, 이 시기에 밭을 사는 것은 절대로 지혜로운 선택이 아니다. 그런데 하나님은 그에게 이런 근시안적인 결단을 내리라고 말씀하신다.

내가 사는 휴스턴에는 베트남전쟁 때 미국으로 피난 온 베트남 사람들이 많다. 그런데 이들이 피난 오면서 가지고 온 것은 땅문서가 아니었다. 이들은 돈하고 바꿀 수 있는 금을 가장 많이 가지고 왔다고 한다. 이것이 상식이다. 전쟁 때는 금이나 은 같은 것이 가장 좋다. 곧 나라를 잃고 땅을 잃어버리고, 죽을지도 모르는데 땅이 무슨 소용이란 말인가!

그런데 하나님은 예레미야에게 사촌의 밭을 사라고 명령하셨다. 돈 날리고, 사촌 잃고, 땅까지 잃을 게 뻔한데 왜 그러셨을까? 그것은 바로 믿음 때문이다. 손해를 피하는 것이 아니라 당장 손해를 보더라도 미래를 향한 희망과 믿음을 가지라는 뜻이다. 피난민에게 유용한 금이나 은을 챙기기보다 밭을 삼으로써 전쟁 후에도 나는 여전히 살아 있을 것이며 반드시 돌아와 주인 행세를 하겠다는 것을 보여 주는 것이다. 이것이 믿음이다. 물론 당장은 나라를 잃고 모든 것을 버려야 하지만, 반드시 회복할 것을 믿는 것이다. 모든 것이 정상화되는 날, 내 밭과 토지가 쓸모를 되찾을 것이다. 절대로 손해 보지 않는다. 이 믿음을 가지라는 것이다.

우리도 이런 믿음이 필요한 시기를 살고 있다. 유치원 때부터 경쟁하고, 인생의 모든 시간을 성공을 위해 투자해야 하는데, 성공은 너무도 멀다. 결국, 모든 것을 포기하는 낙오자가 되고 만다. 그러나 역설적으로 이런 상황일수록, 미래가 보이지 않기 때문에 오히려 희망과 믿음이 더욱 필요한 것이다. 내 삶에 희망이 가장 적어 보일 때, 그때 되레 희망에 투자해야 한다.

한국을 대표하는 석학, 이어령 교수가 미래에 대해서 이런 말을 한 적이 있다. '어제'나 '오늘'은 모두 순수 우리말이지만, '내일'은 한자에서 유래되었다는 것이다. 내일을 가리키는 우리말은 없다. 그는 우리가 내일을 빼앗긴 민족이라서 그런가 생각했다고 한다. 하지만 이어령 교수가 나이 들어 생각해 보니 '내일'은 없지만 '모레, 글피, 그글피' 같은 표현이 존재한다는 점에서 희망을 찾았다. 한국 문화가 위기 속에 살아왔지만 역설적으로 그 위기감 때문에 오히려 오늘보다 더 나은 미래를 불러온 것이다. 그러니 내일이 힘들더라도 그다음 미래가 있다는 것을 기억하라.

절망이 아닌 희망을 말해야 하는 이유

예레미야를 가리켜 흔히 '눈물의 선지자'라 부르지만, 이것은 그를 잘 모르고 하는 말이다. 비록 그가 눈물을 많이 흘렸는지는 모르지만, 그의 진짜 모습은 희망에 집중하는 사람, 미래에 집중하는 사람이다. 그는 절망의 시대에 밭을 사들이는 상징적인 행위를 통해 사람들에게 희망을 주고자 했다. 우리도 마찬가지다. 미래에 투자하는 희망의 사람이 되어야 한다. 절대로 어렵지 않다. 죽겠다 죽겠다고 한탄만 하지 말고, 절망에 집착하지 말고, 희망을 말하면 된다. 그렇다. 희망을 말하기만 해도 된다.

시집살이가 너무 힘든 며느리가 있었다. 하루하루 죽어 가는 것만 같았다. 그녀의 안타까운 소식을 들은 친정엄마가 딸을 찾아왔다. 그러고는 함께 산책을 다니기 시작했다. 딸은 산책하면서 마음에 품었던 이야기를 엄마에게 털어놓았다. 딸의 얼굴이 점점 좋아지기 시작했다. 친정엄마가 고향으로 돌아가면서 딸에게 이야기한다.

"우리가 산책하던 길에 큰 나무가 있잖니. 힘들 때마다 그 나무 앞에서 엄마에게 하듯이 속상한 마음을 쏟아 놓으렴. 그러면 속이 한결 편해질 거야."

딸은 시집살이가 힘들 때마다 그곳에 가서 아픔을 쏟아 냈다. 그렇게 1년을 보내자 나무가 시들시들 죽어 가기 시작했다. 나무도 그녀의 아픔을 받아 내기에 힘겨웠나 보다. 명심하라. 우리 마음 속에 있는 절망이 자신을 죽인다. 품으면 내가 죽고, 남에게 쏟아 내면 그가 죽는다. 그렇다면 어떻게 해야 할까? 절망이 아닌 희망을 말해야 한다.

하나님은 예레미야를 통해 이스라엘 백성에게 희망을 전하고자 하셨다. 당장 필요도 없는 밭을 사게 하시고, 많은 사람 앞에서 계약서를 쓰게 하셨다. 자, 이제 계약이 체결된다. 계약서를 두 장 써서 하나는 토기 속에 보관하고, 다른 하나는 모든 사람이 볼 수 있도록 공개하게 하셨다. 계약을 조용히 체결하지 않고, 시위대 뜰 앞에서 모든 사람이 보는 가운데 하게 하셨다. 왜 공개적으로 계약하여 사람들로 하여금 보도록 하셨을까? 희망 때문이다. 하나님은 예레미야가 밭을 샀다는 소식을 예루살렘 성안에 있는 모든 백성에게 알리려고 하셨다. 이것은 절망에 사로잡힌 사람들에게 희망을 주시려는 하나님의 간절한 마음이다.

하나님께는 기적이 없다

어느 날, 테슬라(Tesla)의 CEO 일론 머스크(Elon Musk)가 우리 동네에 땅을 샀다고 생각해 보라. '웬일이야! 이 동네도 곧 좋아지겠네. 땅값이 오르겠지? 나도 땅을 사야지' 하고 희망을 품지 않겠는가? 그렇다. 예레미야의 밭 사기는 희망을 전하고자 한 행위였다.

오늘날, 우리가 해야 할 일이 바로 이런 것이다. 절망의 시대에, 아무리 노력해도 도통 되는 일이 없는 시대에 우리는 어떻게든 손해 보지 않으려고 피할 것만이 아니라 오히려 우리에게는 다가올 미래가 있다고 희망을 전해야 한다.

예레미야 32장은 남유다의 멸망으로 끝나지 않는다. 하나님이 정성을 다해 이스라엘을 살리겠다는 희망의 말씀과 함께 결단을 보여 주신다. 예레미야 32장 38-41절이다.

> 그들은 내 백성이 되겠고 나는 그들의 하나님이 될 것이며 내가 그들에게 한마음과 한길을 주어 자기들과 자기 후손의 복을 위하여 항상 나를 경외하게 하고 내가 그들에게 복을 주기 위하여 그들을 떠나지 아니하리라 하는 영원한 언약을 그들에게 세우고 나를 경외함을 그들의 마음에 두어 나를 떠나지 않게 하고 내가 기

뿜으로 그들에게 복을 주되 분명히 나의 마음과 정성을 다하여 그들을 이 땅에 심으리라

하나님이 "마음과 정성을 다하여" 우리를 축복하신단다. 다시 회복할 미래가 있다고 약속하신다. 하나님의 마음과 정성을 상징적으로 보여 준 것이 바로 예레미야의 밭 사기였다. 모두가 절망하는 상황에서 기상천외한 방법으로 희망을 주신 것이다. 모두 손해를 피하고 가장 안전한 것만 찾는 시대에 하나님은 가장 손해 보는 행위를 통해 미래를 약속하신 것이다.

우리는 예상하던 큰 손해를 피하면, 기적적인 사건이 일어났다고 말하곤 한다. 그러나 기억하라. 하나님께는 기적이 없다. 모든 것이 가능하시기 때문이다. 손해가 될 것 같은 일도 하나님이 만지시면 축복이 된다. 이제는 손해를 피하는 기적을 기대하지 말고, 하나님의 말씀에 온전히 순종하라. 그 순종이 당장은 손해처럼 보여도 하나님이 마음과 정성을 다해서 당신을 축복하시는 길임을 명심하라.

PART 2

믿음

섣불리 결론짓지 말고 절대 긍정하라

05

오해가 믿음이 되어 간다면

✦

확증 편향

이론

✦

한국사회및성격심리학회는 〈2024년 한국 사회가 가장 경계해야 할 심리 현상〉으로 '확증 편향'을 선정했다. 학회에 따르면, 확증 편향(Confirmation Bias)은 자신의 견해가 옳다는 것을 확인시켜 주는 증거는 적극적으로 찾지만, 반박하는 증거는 찾지 않거나 무시하는 경향성을 말한다. 즉 보고 싶은 것만 보는 셈이다.

너희가 오해하였다

우리가 잘 아는 달란트 비유에도 보고 싶은 것만 보는 한 사람이 나온다. 바로 한 달란트를 받은 악한 종이다. 악한 종의 이야기는 이렇게 시작된다. 주인에게 세 명의 종이 있었다. 어느 날, 주인이 종들에게 각각 한 달란트, 두 달란트, 다섯 달란트를 주고 멀리 떠났다. 주인이 떠나있는 동안에 두 달란트와 다섯 달란트를 받은 두 종은 열심히 일하여 각각 두 배로 불렸다. 그런데 한 달란트를 받은 종은 돈을 그대로 땅에 묻어 두었다. 주인이 돌아왔을 때, 결국 그는 악한 종이라 불리며 꾸지람을 듣게 된다.

주인이 악한 종을 혼내는 대목을 보면, 주인의 마음을 엿볼 수 있다. "악하고 게으른 종아 나는 심지 않은 데서 거두고 헤치지 않은 데서 모으는 줄로 네가 알았느냐"(마 25:26)에서 특별히 "네가 알았느냐"를 자세히 들여다볼 필요가 있다. 개역개정본에는 물음표가 없지만, 영어 성경(NIV)에는 물음표가 있다. 다시 말해서, 주인이 "네가 알기나 하느냐? 네가 뭔가를 오해했구나"라는 뜻으로 말했다고 해석할 수 있다. 악한 종은 주인의 말을 오해했다. 자기 마음대로 주인의 뜻을 판단하고 믿어 버린 것이다.

우리도 이런 오해를 흔히 하곤 한다. 자기가 하고 싶은 대로 하면서 하나님의 뜻이라고 말하거나 자기가 원한 것인데도 하나님이 원하신 것이라고 말하기도 한다. 자기 뜻대로 해 놓고서는 일이 잘못되면 "하나님 따위는 없어!" 하고 외치기도 하지 않는가.

과연 어떻게 해야 악한 종과 같은 실수를 저지르지 않을까? 우선, 주님을 오해하지 말아야 한다. 고대 사회에서는 주인이 종에게 일을 맡길 때 상당한 권한을 주었다. 주인이 종에게 돈을 맡기면, 종은 자기 판단에 따라 투자하거나 장사할 수 있었다. 능력이 있다면, 큰 부를 일굴 수도 있었다. 종에게 재산을 나눠 주기도 했는데, 심지어 자식이 없거나 자식이 똑똑하지 않을 때는 종에게 유산을 물려주기도 했다. 따라서 주인이 재산을 맡기는 것은 종에게는 책임의 부담만이 아니라 엄청난 기회가 되었다. 이 기회를 잘 살리면, 주인에게서 유산을 물려받을 수도 있기 때문이다.

그런데 한 달란트를 받은 종은 다르게 판단했다. 그는 "주인이여 당신은 굳은 사람이라 심지 않은 데서 거두고 헤치지 않은 데서 모으는 줄을 내가 알았으므로"(마 25:24)라고 말했다. 당시 "심지 않은 데서 거두고 헤치지 않은 데서 모으는"이라는 표현은 사기꾼이나 도둑놈들에게나 쓰던 것이었다. 공손한 말이 아니다. 곧 "주인님은 인정머리 없는 강팍한 사람입니다. 투자도 하지 않고 남의 것을 빼앗는 날강도 같은 사람입니다"라고 말한 셈이다. 주인을 잘못 봐도 한참 잘못 봤다. 성경 어디에도 주인이 굳은 사람이라거나 날강도 같은 사람이었다는 표현은 없다. 오직 한 달란트를 받은 종만이 그렇게 생각했다. 그런데 왜 그 종만 그렇게 생각했을까?

이 상황을 설명해 줄 만한 이야기가 있다. 조선 초 이성계와 관련된 일화다. 어느 봄날, 이성계가 무학대사를 불러 이렇게 말했다.

"대사는 꼭 돼지 같소이다."

그러자 무학대사가 "전하께서는 꼭 부처님 같습니다"라고 대답했다. 이에 이성계가 "나는 당신을 안 좋게 이야기했는데, 당신은 왜 나를 좋게 표현하시오?" 하고 물으니까 무학대사가 기막힌 답변을 내놓았다.

"저안관지즉저야(猪眼觀之卽猪也) 불안관지즉불야(佛眼觀之卽佛也)."

즉 "돼지 눈에는 돼지만 보이고, 부처 눈에는 부처만 보인다"라는 뜻이다. 결국, 사람은 제 위치와 자신의 관점에서, 자기 생각대로 판단한다는 뜻이다.

이처럼 달란트 비유의 악한 종은 자신의 관점에서 주인을 바라본 것이다. 주인은 전혀 그렇지 않은 사람인데, 혼자서 제멋대로 오해했다. 그런 사람들을 향해 예수님이 이렇게 말씀하신다.

> 너희가 성경도, 하나님의 능력도 알지 못하는 고로 오해하였도다
> | 마 22:29

두려움에 사로잡히면 아무것도 못 한다

성경을 알지 못하고, 하나님의 능력도 체험하지 못한 채 오로지 자기의 판단과 방법만이 전부라고 믿으면, 반드시 오해하게 된다. 하나님의 능력을 안다면 주어진 달란트를 붙들고 노력할 텐데, 하나님의 능력을 오해하고 자기의 판단과 방법만이 전부라고 오해하니 늘 결과가 좋지 않을 수밖에 없다.

인도네시아 사람들이 원숭이를 잡는 방법은 간단하다. 호리병에

바나나 한 개를 넣어 길목에 놓아두면 된다. 나중에 와서 보면 원숭이가 호리병을 붙잡고 있을 것이다. 그때 잡아 오면 된다. 그런데 왜 원숭이는 이렇게 단순한 덫에 걸리는 걸까?

그냥 손을 펴고 호리병에서 손을 빼면 될 텐데 그걸 못해서 사나흘 동안 덫에 걸려 있다 잡혀가고 만다. 그것도 소리소리 지르면서 말이다. 일반적인 덫이라면 도망갈 수조차 없게 단단히 조이기 마련인데, 이 호리병 덫은 원숭이가 마음만 먹으면, 즉 바나나를 쥔 손만 펴면 도망갈 수 있는 단순한 구조다. 그런데도 왜 원숭이는 바나나를 놓지 못할까?

이 상황을 설명하기 위해 연구한 어느 교육학자가 내린 결론은 이렇다. 원숭이가 손을 놓지 못하는 이유는 바나나가 너무 먹고 싶어서도 아니고, 욕심이 많아서도 아니다. 오직 경험 때문이란다. 어릴 때부터 몸으로 배우고 체득한 한 가지가 바나나는 손으로 잡는 것이라는 경험이다. 즉 먹이를 얻는 가장 확실한 방법은 손으로 잡는 것임을 믿기 때문이다. 원숭이는 자기가 아는 한 가지를 붙들다가 죽어 가는 셈이다. 평생 학습해 온 경험이 옳다는 자기 확신 때문에 죽는 것이다.

우리도 마찬가지다. 자기의 경험과 생각이 맞다고 확신하는 순간, 그것을 포기하지 못한다. 자기의 경험과 생각 때문에 맞닥뜨린 고난인데도 하나님을 원망한다. 그러나 하나님을 의심할 게 아니라 지금 자신이 믿고 있는 자기의 방법을 의심해야 한다. 과연 자기의 생각과 방법이 주 안에서 올바른 것인지, 혹시 오해하고 있지는 않은지 살펴봐야 한다. 그리고 마음속의 두려움도 견뎌 내야 한다.

악한 종은 스스로 "두려워하여 나가서 당신의 달란트를 땅에 감추어 두었었나이다 보소서 당신의 것을 가지셨나이다"(마 25:25)라고 말하며 변명했다. 종은 혹시라도 실수하여 돈을 날려 버릴까 두려웠다. 게다가 주인을 무서운 사람으로 오해하기까지 했으니 그 나름대로 가장 안전한 방법, 곧 숨기기를 선택했던 것이다. 모두 오해에서 비롯되었다. 생각이 오해로, 오해가 두려움으로 변질되면서 그는 더 이상 아무것도 할 수 없게 되었다. 그래서 가만히 있기로 한 것이다.

두려움에 대한 예화를 찾다가 흥미로운 뉴스를 발견했다. 개 도둑에 관한 이야기인데, "눈빛만으로 진돗개를 제압한 개 도둑"이란 헤드라인이 흥미로웠다. 우리가 무서워하는 진돗개를 눈빛으로 제압한 도둑이 하룻밤에 열여덟 마리를 훔쳐 갔다고 한다. 경찰이 도둑에게 물었다. "어떻게 맨손으로 개를 훔칠 수 있었는가? 개한테 물리지 않았는가?" 그러자 개 도둑이 "당당하게 행동하며 눈빛으로 제압하면, 꼼짝 못 하고 짖지도 않던데요"라고 대답했다고 한다. 천하의 진돗개 체면이 말이 아니다.

그렇다. 두려움이란 이런 것이다. 두려움에 사로잡히면 진돗개조차 꼼짝하지 못한다. 두려움에 사로잡히면, 아무것도 하지 못하게 된다. 결국 '올 것이 왔구나' 하는 마음까지 든다.

욥도 그런 마음이었다. 그는 동방에서 제일가는 부자였지만, 마귀의 공격을 받아 하루아침에 거지가 되었다. 자식들이 한꺼번에 죽었고, 재산을 다 잃었으며, 아내마저 떠나고, 몸이 병들어 한순간에 비참하게 되었다. 그때, 욥이 이렇게 외친다.

> 내가 두려워하는 그것이 내게 임하고 내가 무서워하는 그것이 내 몸에 미쳤구나 | 욥 3:25

놀랍지 않은가? 자기가 두려워하던 그 일이 일어나고야 말았다는 것이다. 평소에 이런 일이 일어나지 않을까 걱정했다는 것이다. '우리에게 이런 일이 일어나겠지' 하고 두려워하고 무서워하면, 두려움과 무서움이 그와 같은 환경을 끌어당길 수 있다는 뜻이다.

그러므로 두려움을 이기는 기도를 하고, 하나님의 말씀을 기억하여 다음과 같이 선포하라.

> 너는 두려워하지 말라 내가 너를 구속하였고 내가 너를 지명하여 불렀나니 너는 내 것이라 네가 물 가운데로 지날 때에 내가 너와 함께할 것이라 강을 건널 때에 물이 너를 침몰하지 못할 것이며 네가 불 가운데로 지날 때에 타지도 아니할 것이요 불꽃이 너를 사르지도 못하리니 | 사 43:1-2

그렇다. 우리는 전지전능하신 하나님께 속한 사람이다. 물도 불도 우리를 어찌하지 못한다. 주님이 우리를 지키신다. 그러니 두려워하지 말라. 두려워하면 아무것도 하지 못한다. 고난이 닥쳐도, 낙심되어도, 세찬 바람이 불어도 두려워하지 말라. 주님이 지키신다.

우리는 보통 우둔한 사람을 가리켜 '새대가리'라고 부르며 놀려대곤 한다. 새들은 지능이 낮다는 인식 때문에 그렇게 부른 것이다. 그러나 새들은 바람이 불어 날기 힘든 날에 둥지를 짓는다. 바람이 심하게 부는 날에 둥지를 지어야 폭풍을 견딜 수 있기 때문이다. 두려움에 사로잡히면 누구라도 새보다 못하게 되기 마련이다. 우리는 조금만 무섭거나 두려워도 상황을 오해하고, 주님을 탓한다. 고난의 바람이 분다고 낙심하는 사람은 새만도 못한 사람이다.

그러니 어렵고 힘들고 두려울 때마다 더욱 기도하고, 찬양하고, 예배해야 한다. 어렵고 두려울 때일수록 더욱 미래를 준비해야 한다.

더욱 신뢰하고 도전하라

달란트 비유를 자세히 들여다보면, 이 이야기는 다섯 달란트나 두 달란트를 남긴 종에게 초점을 맞춘 것이 아니다. 오히려 한 달란트 받은 종에게 모든 초점이 맞춰져 있다. 그리고 한 달란트를 땅에 감춘 것이 얼마나 큰 실수인지를 보여 준다.

그런데 이 달란트가 무엇이기에 주인이 그토록 호통을 쳤을까? 그리고 예수님은 무엇을 알려 주시기 위해 이 비유를 말씀하신 것일까? 달란트가 얼마나 큰 돈인지를 가르치시려고 한 것일까? 아니면 명령에 순종하지 않으면, 어떻게 되는지를 보여 주려고 하신 것일까? 둘 다 아니다.

가장 중요한 것은 달란트를 사용하는 것이 중요하다는 것이다. 달란트(talent)는 예전에는 화폐 단위로 사용되었으나 지금은 우리에게 주어진 '은사'나 '재능'을 의미한다. 하나님은 각자에게 맞는 재능을 주셨다. 어떤 사람에게는 헌신의 재능, 또 다른 사람에게는 재물의 재능 등 말이다. 재능이 없는 사람은 없다. 모든 사람에게 특별한 은사를 주시고, 그것을 잘 사용하기를 기대하신다. 그러니 두려움 없이 은사를 사용해야 한다. 주님을 오해하지 말고, 도전해야 한다. 한 달란트를 받은 종의 가장 큰 문제는 주인보다 땅을 더 믿었다는 것이다. 그래서 도전보다는 안전을 추구한 것이다.

세계적으로 유명한 인식론 과학철학자인 래리 라우든(Larry Laudan)은 자신의 저서《The Book of Risks》(위험에 관하여)에서 이렇게 말했다.

> 모든 것에는 위험이 있다. 절대적인 안전은 이 세상에 없다. 우리는 집에서 침대에 누워있는 것이 제일 안전하다고 생각할 수 있지만, 매년 미국에서 50만 명 이상이 침대에서 떨어져 심각한 부상을 입는다. 또 1년에 수천 명이 돈을 매트리스 속에 숨기다가 베이거나 다쳐서 응급실로 실려 오기도 한다.

그렇다. 이 세상에 절대적으로 안전한 곳은 없다. 그렇기 때문에 더욱 도전해야 한다. 감추고 숨겨서 주님께 책망을 듣는 사람이 되지 말고, 주님을 온전히 신뢰하고 도전해야 한다.

우리도 이런 실수를 반복한다. 하나님을 오해하고 다른 것을 더 신뢰하곤 한다. 그러나 더는 하나님을 오해하지 말자. 그리고 도전하자. 믿고 싶은 대로 믿지 말고, 오해하지 말고 달란트를 활용하여 도전하자.

버락 오바마(Barack Obama) 전 미국 대통령은 좋은 가문에서 태어나지도 않았고, 좋은 환경에서 자라지도 않았다. 백인 어머니가 천대받는 흑인과 결혼해서 그를 낳았다. 인도네시아인과 재혼해 열악한 인도네시아에서 살았고, 두 번 이혼한 어머니 밑에서 자랄 수 없어서 결국 할아버지 손에서 자랐다. 만약 그의 가슴 속에 '나는 운이 없어. 부모도 능력이 없고, 피부색도 검고, 의젓한 아빠도 없으니…. 나는 버려진 자식이 아닌가?'라는 생각만 했다면, 십중팔구 슬럼가의 갱 단원이 되고 말았을 것이다.

그의 인생을 바꾼 구호가 있다.

Yes you can. Yes we can. We can do it.
(그래, 넌 할 수 있다. 그래 우리는 할 수 있다. 우리는 할 수 있다.)

우리는 "내게 능력 주시는 자 안에서 내가 모든 것을 할 수 있느니라"(빌 4:13)라는 말씀의 법칙에 따라 사는 사람들이다. 달란트를 땅에 묻거나 숨기지 말고, 당당히 도전하라. 믿고 싶은 대로 믿고, 안 된다고 생각하지 말고 주님을 믿어라. 그러면 된다! 그러면 이룰 수 있다!

06

뒤로 넘어져도 코가 깨진다고 믿는다면

노시보 효과

넘어질 것 같으면 꼭 넘어지고, 장애물에 걸릴 것 같으면 꼭 걸리는 사람들이 있다. 뒤로 넘어져도 코가 깨진다는 사람들도 있다. 과연 이들은 정말로 불운의 아이콘일까?

나는 아니라고 생각한다. 그들이 그렇게 생각하고 경험하는 것은 환경이 나빠서도 아니고, 운이 없어서도 아니다. 순전히 노시보 효과(Nocebo Effect) 탓이다. 즉 코가 깨질 것이라고 믿어서 그렇게 되는 것이다.

노시보 효과란 아무리 좋은 약을 먹고 치료를 받아도 자기에게 도움이 안 될 것으로 생각하면 약효가 사라진다는 이론이다. 일례로 콜레스테롤 수치가 정상이 아닌 사람이 스타틴(statin)이라는 약을 먹고 큰 효과를 보았는데, 어느 날 스타틴이 근육통, 수면장애, 당뇨병 등의 부작용을 일으킨다는 연구 결과가 발표되자 약 효과는 뚝 떨어지고 오히려 부작용만 경험하게 되었다는 것이다. 어제까지는 효과를 보았는데, 부작용을 의심하는 순간부터 약효가 사라진 것이다. 안 좋다고 생각하니 안 좋은 일만 생기는 격이다.

열왕기하 7장에도 뒤로 자빠졌는데 코가 깨진 한 사람이 나온다. 사실 코가 깨진 정도가 아니라 죽임을 당하기까지 했다. 이스라엘 백성들은 심각한 상황에 놓인다. 아람 왕 벤하닷이 사마리아 성을 에워싸므로 성안의 사람들이 굶어 죽게 생겼다. 결국, 심각한 식량난에 시달리게 되었고, 물가가 상상을 초월할 정도로 치솟았다. 평소에는 부정한 동물로 여겨 식용이 금지되었던 나귀 머리가 은 80세겔에 거래될 정도였다. 은 80세겔은 어른 한 명의 연봉 정도의 가치다. 현재 가치로 환산하면 돼지머리 하나에 7천만 원 정도 하는 것이다. 게다가 인간이기를 포기하는 일까지 벌어졌다. 너무 주린 나머지 자녀를 잡아먹기도 했다.

바로 이런 때에 엘리사가 사마리아 백성들에게 하나님이 주신 소망의 말씀을 전했다.

> 여호와의 말씀을 들을지어다 여호와께서 이르시되 내일 이맘때에 사마리아 성문에서 고운 밀가루 한 스아를 한 세겔로 매매하고 보리 두 스아를 한 세겔로 매매하리라 하셨느니라 | 왕하 7:1

오늘은 자식을 잡아먹어야 할 정도로 어렵지만, 내일이면 드디어 전쟁이 끝나고 평소대로 제값에 곡식을 살 수 있으리라는 놀라운 예언이다. 굶주림에 절망했던 백성들에게 엘리사가 전한 소식은 '복음'이었다.

그러나 이 소식을 들은 왕의 장관은 엘리사의 예언을 믿지 않았다. 오히려 "여호와께서 하늘에 창을 내신들 어찌 이런 일이 있으리요"(왕하 7:2)라고 반문했다. 당장 눈앞에 보이는 상황만 보고 판단한 것이다. 내일 기적이 일어날 것이라는 예언은 그에게 유언비어에 불과했다.

그러나 하나님이 내일 기적이 일어나리라고 말씀하신 만큼 이때 필요한 것은 합리적인 의심이 아니라 믿음의 수용이다. 믿음의 사람이라면 상황만 보고 부정적으로 판단할 것이 아니라 환경 너머에 있는 주님의 기적을 믿어야 한다.

몇 년 전, 베트남에서 사역할 때 기적에 대한 설교를 준비하면서 매우 망설인 적이 있다. 성도 중에 장성한 세 자녀를 모두 먼저 보낸 부부가 있었다. 큰아들과 작은아들이 모두 이십 대를 넘기지 못하고 중병으로 세상을 떠났는데, 막내딸이 십 대가 되자 오빠들처럼 죽지 않게 해 달라고 부모에게 매달렸다고 한다. 부부는 막내딸만큼은 살려 달라고 하나님께 간절히 기도했다. 그러나 막내딸마저 먼저 보내게 되었다. 세 자녀를 모두 천국으로 보낸 부부는 더 이상 한국에서 살 수 없어서 모든 것을 정리하고 베트남에 선교사로 왔다.

남편 선교사는 나름대로 베트남 고아들을 열심히 돌보았다. 그런데 아내 선교사를 보면, 눈빛에서 어떤 감정도 느낄 수 없을 정도로 공허했다. 대화도 거의 없었다. 그래서 매주 나는 아주 복잡한 감정을 가지고 이 부부 앞에서 설교해야 했다. 하나님은 살아 계시다고 선포할 때마다 아내 선교사의 텅 빈 눈빛을 보면 목소리가 작아지기 일쑤였다. 내 실수도 아닌데, 그들 삶의 고난이 어찌나 큰지 목사의 소명조차 작아지는 듯했다.

그런데 하나님의 기적에 관해 설교하게 된 것이었다. 그 부부 앞에서 기적의 하나님을 선포하려니 목요일 저녁부터 자신감이 떨어지기 시작했다. 그럼에도 불구하고, "하나님, 저를 사용하셔서 그분들에게 하나님의 살아 계심을 선포하게 해 주세요"라고 기도하며 준비했다. 마침내 주일이 되었다. 그날은 평소와 다른 설교를 하게 되었다. 설교하러 강단에 올라가자마자 전기가 나가는 바람에 음향 시스템을 쓸 수가 없게 된 것이다. 마이크를 쓸 수 없으니 당연히 육성으로만 설교해야 했다. 예배당 끝까지 소리가 잘 전달되는지를 신경 쓰며 목청껏 설교하다 보니 그 어느 때보다 힘있게 선포할 수 있었다. 작은 기적이 일어난 것이다. 정전 사고 덕분에 오히려 하나님의 기적을 강하게 선포할 수 있었다.

우리의 기적도 이렇다. 하나님의 기적을 믿지 못하고 주저할수록 기적은 일어나기 어렵다. 어떤 상황에서도 포기하지 마라. 마이크가 안 돼서 목청을 돋우다 보니 결국 하나님의 기적을 당당히 선포하게 되었지 않은가. 그러니 고난 중에도 당당히 선포하라! 그러면 자신이 기적을 누리고 있음을 알게 될 것이다.

99%의 의심과 1%의 믿음

사마리아 성의 전쟁에 관한 엘리사의 예언은 어떻게 되었을까? 다음 날, 정말로 승리하였을까? 그렇다. 예언대로 승리하였다. 성안에 있던 이스라엘 백성들은 몰랐지만, 하나님이 기적을 베풀어 주셨다. 하나님은 성안의 백성을 구원하고자 "아람 군대로 병거 소리와 말 소리와 큰 군대의 소리를 듣게"(왕하 7:6) 하신 것이다. 물론, 실제로 그런 군대는 없었다. 오직 아람 군대만이 그 소리를 들었고, 혼비백산하여 모든 것을 버리고 도망갔다. 결국, 엘리사가 예언했던 대로 이스라엘 백성이 승리를 거두었다. 기적이 일어난 것이다.

그러므로 우리도 하나님의 기적을 믿고 소망하자. 신앙은 있지만, 기적은 믿지 않는 신앙인이 아니라 하나님의 기적을 온전히 믿는 신앙이 되자. 기독교 저술가 엔도 슈사쿠(遠藤周作)는 "신앙은 99%의 의심과 1%의 믿음으로 이루어져 있다"라고 말했다. 의심스러운 일이 늘 생기지만, 1%의 믿음으로 99%의 의심을 이긴다는 뜻이다. 99%를 채운 의심은 능력이 없다. 그러나 믿음은 1%만 있어도 기적을 만드는 씨앗이 된다.

미국 뉴욕에서 일어난 9·11 테러로 세계무역센터가 무너졌을 때, 수천 명이 목숨을 잃었다. 그런데 붕괴된 건물 더미에서 27시간 만에 구출된 제넬 구즈만(Genelle Guzman)이라는 여성이 있다. 그녀는 64층에서 근무하다가 비행기가 충돌하자 계단으로 피신했는데, 13층까지 내려왔을 때 건물이 무너졌다. 구즈만은 '이제 죽었구나' 하고 생각했다고 한다. 그런데 바로 그때, 어머니가 생각났다. 신실한 신앙인이요 늘 자신을 교회로 이끌었던 어머니다. 그 즉시 회개하며 하나님의 도우심을 구하며 기도했다. 희망이 사라져 가는 순간에 1%의 믿음을 붙든 것이다.

"하나님, 가까이 계셔 주세요. 제 곁에 머물러 주세요. 하나님, 이 곳을 빠져나가지 못할지도 모릅니다. 기적 없이는 안 되겠지요. 하지만 제가 지금 주님께 기도하고 있다는 사실이 이미 기적입니다. 하나님 뜻대로 되길 원합니다."

그때 밖에서 무슨 소리가 들려왔다. 그녀는 소리가 나는 쪽을 향해 손을 뻗으며 "거기 누구 있어요? 누구세요?"라고 물었다. 그러자 "제가 구조대보다 먼저 왔습니다. 당신은 꼭 구조될 것입니다"라는 대답이 들렸다. 누군가의 목소리를 들으니 힘이 났다. 구즈만은 "아휴, 참 감사하네요. 당신의 이름이 무엇입니까?"라고 다시 물었다. "내 이름은 폴입니다"라는 답이 돌아왔다. 구조될 때까지 폴과 이야기를 나누면서 정신을 잃지 않을 수 있었다고 한다.

구출되고 난 후, 그녀는 '폴'이라는 사람을 찾았지만, 찾을 수 없었다. 그때 구즈만은 "아, 하나님께서 천사를 보내셨구나"라고 고백했다고 한다. 죽음의 문턱에 선 그녀에게 하나님이 천사를 보내어 위로하게 하시고, 격려하며 힘을 내게 하셔서 자그마치 27시간을 견디게 하신 것이다. 그녀는 무너진 잔해 속에서 구출된 마지막 생존자였다.

당신은 험난한 세상에서 마지막까지 살아남는 자가 되고 싶지 않은가? 삶의 전쟁에서 승리하기를 원한다면, 먼저 자기 삶에도 기적이 있음을 믿어야 한다. 99% 의심으로 가득 찬 환경 속에서도 1%의 믿음이 기적을 만든다는 것을 믿어야 한다.

절대 긍정이 답이다

엘리사의 예언을 믿지 않았던 왕의 장관은 어떻게 되었을까? 실제로 그는 능력을 크게 인정받던 사람이었다. 아마도 사리 분별을 잘하고, 판단력이 좋은 인물이었던 것으로 보인다. 성경에서 그를 설명한 구절을 보면, "왕이 그의 손에 의지하는 자"(왕하 7:2)라고 되어 있다. 북이스라엘 왕이 의지할 정도로 합리적이고 총명한 장관이었다. 소위 잘나가는 실세 중의 실세였을 것이다. 그런데 이 실세 중의 실세, 능력자 중의 능력자가 실수하고 말았다. 하나님의 능력을 간과한 것이다. 상황 파악은 정확했지만, 하나님의 말씀은 반드시 이루어진다는 명백한 사실을 놓친 것이다.

사실, 엘리사는 이 장관의 미래에 관해서도 예언했다.

> 네가 네 눈으로 보리라 그러나 그것을 먹지는 못하리라 | 왕하 7:2

하나님이 베푸신 기적으로 음식이 풍성히 있는 것을 보게 되겠지만, 그 장군은 먹지 못한다는 뜻이다. 예언대로 장관은 왕의 명령으로 성문을 지키다가 백성에게 밟혀 죽고 말았다. 뒤로 넘어졌는데 코가 완전히 깨진 것이다. 이 대목을 성경은 이렇게 묘사한다.

> 왕이 그의 손에 의지하였던 그의 장관을 세워 성문을 지키게 하였더니 백성이 성문에서 그를 밟으매 하나님의 사람의 말대로 죽었으니 곧 왕이 내려왔을 때에 그가 말한 대로라 | 왕하 7:17

"그가 말한 대로라"라니 의미심장하지 않은가? 그렇다. 하나님의 말씀은 반드시 이루어진다. 하나님은 인간의 생각을 뛰어넘어 약속을 이루시는 분이다. 그러므로 안 된다는 생각에 섣불리 결론짓지 말고, 절대 긍정으로 무장하여 믿음으로 걸어 나가라.

시애틀퍼시픽대학교 의류학과 이재일 교수가 쓴《나는 날마다 꿈을 디자인한다》라는 책이 있다. 이재일이라는 이름 때문에 남성으로 생각할 수 있지만, 여성이다. 이분은 장애를 가지고 태어났다. 그래서 한쪽 다리가 매우 짧다. 처음부터 길이가 달랐던 것은 아닌데, 자라면서 달라졌다고 한다. 여성으로서 겪는 어려움이 특히 컸을 법도 한데, 예수님을 영접한 후로 달라지기 시작했다. 장애를 보지 않게 된 것이다. 한쪽 다리가 짧아 늘 다리를 절어야 하지만, 시선을 짧은 다리가 아닌 예수님께 두었기 때문이다.

그녀는 기적과 같은 비전을 품기 시작했다. "하나님, 제가 미국에 가서 디자인을 공부하고, 교수가 되게 하여 주옵소서" 하고 기도하며 열심히 준비했다. 그랬더니 길이 열렸다. 혼자서 미국으로 유학을 떠났다. 밤새워 공부했다. 때로는 먹을 것이 없어서 굶기도 했지만, 말씀을 이루실 주님을 의지했다. 그녀는 절망이나 슬픔에 빠졌을 때, 또는 문제에 부딪혔을 때, 공부하다가 너무 힘들어 어찌할 바를 모를 때 엎드려 눈물 흘리며 간절히 기도했다.

"주님, 저를 도와주옵소서. 주님, 저와 함께하여 주옵소서. 주님이 주신 말씀을 붙듭니다. 말씀대로 이기게 하여 주시옵소서."

결국, 그녀의 기도는 응답되었고, 삼십 대에 미국 대학에서 교수로 일할 수 있게 되었다. 만약 그녀의 마음속에 자신의 짧은 다리에 대한 안타까움만이 가득했다면, 그녀는 지금도 여전히 세상을 절뚝거리며 걸었을 것이다. 그러나 1% 믿음으로 99% 의심의 환경을 이겨 냈다. 부정적인 생각과 고정 관념을 버리고, 믿음으로 긍정의 길을 걸음으로써 기적을 이루어 냈다.

우리도 마음속에서 긍정과 부정이 늘 전쟁을 벌인다. 당연하게도, 더 많이 생각하는 쪽이 승자가 된다. 만약 부정의 마음이 커진다면, 의심의 마음이 커진다면 뒤로 넘어져도 코가 깨질 것이다. 그러나 긍정의 믿음으로 산다면, 결국 기적을 보게 될 것이다. 뒤로 넘어져도 코가 깨지느냐 아니냐는 자신에게 달렸다. 그러므로 징크스 같은 노시보 효과를 긍정의 믿음으로 이기자.

07

급한 마음에 믿음을 잊었다면

✦

성급한

일반화의 오류

✦

몇 가지만 확인하고 성급하게 결론 내리는 것을 성급한 일반화의 오류(Fallacy of Hasty Generalization)라고 한다. 미국에서 불친절한 사람 한두 명을 만난 후에 미국 사람은 다 불친절하다고 말하는 격이다. 그런데 우리나라 사람들은 다른 어떤 오류보다도 성급한 일반화의 오류에 잘 빠진다. 특히 '빨리빨리' 문화에 익숙해서 그런지 하나를 보면 열을 안다면서 결론도 빨리 내리곤 한다. 좀 더 확인해 보려고 하면, "야, 이 친구야 똥인지 된장인지 먹어 봐야 아냐? 그냥 보면 알지!" 하고 말한다.

초대 교회에서도 이와 비슷한 실수를 한 사람들이 있다. 너무나 성급한 나머지 믿음마저 잊어버린 사람들이다. 헤롯왕이 야고보를 죽이고, 베드로도 죽이려고 감옥에 가두어 놓은 때였다. 교인들은 마가의 집에 모여서 베드로의 구명을 위해 기도하고 있었다. 그런데 기도하면서도 베드로가 구원될 것을 믿지는 않았는데, 베드로가 기적적으로 탈옥하여 돌아왔다고 알리는 여종에게 "네가 미쳤다"(행 12:15)라고 소리친 것을 보면 알 수 있다. 급한 마음에 기도를 하긴 했지만, 하나님의 능력을 믿지는 못했던 것이다.

우리도 스스로 신앙이 있다고 말하면서도 이럴 때가 많다. 기도하지만, 응답될 것을 믿지는 않는다. 하나님의 일하심을 기다리지 못하고, 안 될 것을 미리 판단하는 것이다. 믿음으로 기도했다면, 주님의 일하심도 믿음으로 기다려야 한다. 그렇게 하지 못한다면,

응답을 소망하기가 어렵다.

그러면 어떻게 해야 성급하게 결론을 내리지 않고, 주님을 바라볼 수 있을까?

우물에 빠진 당나귀의 교훈

우선 평안함이 있어야 한다. 매사에 평안해야 급해지지 않고, 실수를 줄일 수 있다. 오래전 부목사로 사역하던 시절에 운전하다가 들은 이야기가 있다. 당시에 외부 강사 목사님들이 오시면, 내가 주로 모시러 갔다. 아마도 내가 편안하게 운전해서 그랬던 것 같다. 어느 날, 어떤 큰 교회 목사님을 모시러 갔을 때, 놀라운 요청을 받았다.

"목사님, 서둘지 말고 빨리 가세요."

반사적으로 "네"라고 대답하긴 했지만, 머릿속이 복잡해졌다. '서둘지 말라'와 '빨리 가라'가 모순되는 말이기 때문이다. 서둘지 말라는 것은 운전을 급하게 하지 말라는 뜻이고, 빨리 가라는 것은 말 그대로 빨리 가자는 뜻인데, 동시에 모순된 요청을 받으니 속으로 '아, 빨리 가라는 거야? 말라는 거야?' 하며 주저하고 망설이게 되었다.

그런데 곧 서둘지 않고 빨리 가는 방법이 무엇인지 깨달았다. 그 어르신 목사님이 원하신 것은 승차감은 편안하되 약속 시간에 늦지 않도록 속도를 내 달라는 것이었다. 그날, 나는 정말로 조용한 과속을 마구 했다. 그래도 차가 좋아서 그랬는지 마음의 평안을 잃지는 않았다.

그렇다. 평안함이 있으면, 빨리 갈 수 있다. 서둘면 급해지고 실수를 저지르게 되지만, 평안함이 있으면 빨리해도 실수가 없는 법이다. 그런 의미에서 감옥에서 풀려난 베드로 이야기의 진수는 바로 평안이다.

베드로는 감옥에 갇혀 당장 내일 죽을지 모르는 상황에서도 평안함을 누렸다. 만약 내가 내일 사형 당할 상황에 놓여 있다면, 작은 소리에도 놀라거나 아예 잠을 잘 수조차 없었을 것이다. 나라면, 야고보는 이미 죽었고, 나는 감옥에 있다는 사실만으로도 성급하게 '나는 곧 죽겠구나' 하고 결론 내리고 벌벌 떨며 하나님을 원망할지도 모른다. 그러나 베드로는 달랐다. 그가 두려워하거나 벌벌 떨었다는 이야기는 어디에도 없다. 오히려 천하태평이었다. 늘어지게 잠자고 있다. 천사가 그의 옆구리를 쳐서 깨웠어야 할 정도로 깊이 잠들었다. 정말로 하나님은 "사랑하시는 자에게 잠을"(시 127:2) 주시나 보다.

베드로는 어떻게 그럴 수 있었을까? 바로 예수님이 선포하신 말씀을 믿었기 때문이다. 예수님은 "이것을 너희에게 이르는 것은 너희로 내 안에서 평안을 누리게 하려 함이라 세상에서는 너희가 환난을 당하나 담대하라 내가 세상을 이기었노라"(요 16:33)라고 선포하신 바 있다. 비록 환난 가운데 있더라도 주님이 세상을 이기셨다는 사실을 잊지 말고 평안하라는 뜻이다. 그러면 승리하리라는 강력한 선포다.

그렇다. 우리는 환난 중에도 평안을 누리고 승리하는 사람이다. 그러니 제발 성급하게 결론 내리고, 낙심하지 말라. 사업이 좀 어렵다고, 자녀들이 속 썩인다고, 건강이 안 좋아졌다고, 지레 겁먹고 이상한 결론을 내리지 말라. 인생에 환난이 있을 수 있다. 그렇다고 끝은 아니다. 우리의 마지막은 패배가 아닌 승리이기 때문이다.

절대로 속단하지 말라. 왜냐하면 속단은 불순종이기 때문이다. 하나님의 계획을 보지 못하는 불순종이다. 사울왕이 사무엘 선지자를 기다리지 못하고, 급한 마음에 자기 마음대로 제사를 드린 탓에 그의 치세가 끝났다. 조금만 평안한 마음으로 기다렸더라면, 순종에 성공하고 전쟁에도 승리했을 텐데…. 조급함 때문에 가문을 망쳤다. 그래서 유명한 기독교 저술가 리처드 포스터(Richard Foster)는 "조급함은 마귀적인 것이 아니라 마귀 자체"라고 말했다. 조급함이 마귀 자체라니 놀랍지 않은가! 그러나 조급함이 만드는 악마적인 결론을 생각하면, 정말로 조급함은 곧 마귀다. 조급하게 결론 내리는 것 또한 명백한 불신앙이다. 왜냐하면 하나님의 계획을 무시하는 처사이기 때문이다. 그러므로 아무리 급하더라도 속단하지 말고, 하나님의 계획을 믿으라. 하나님이 주시는 기회는 늘 있음을 믿으라.

이어령 교수가 초등학생을 위해 쓴 〈우물에 빠진 당나귀〉라는 글이 있다. 어느 날, 당나귀가 마른 우물에 빠졌다. 당나귀는 나갈 방법이 없어서 '죽겠구나' 하고 생각한다. 주인은 우물에서 당나귀를 꺼낼 방법이 없는데, 어차피 당나귀도 늙었고 우물도 말랐으니, 이참에 우물을 덮어 버려야겠다고 생각한다. 주인이 동네 사람들을 불러 모아 우물에 흙을 덮어 메우기 시작했다. 그러나 당나귀는 놀라거나 낙심하지 않고, 그냥 제자리 걷기만 했다. 어떻게 되었을까? 주인이 이제 당나귀가 완전히 묻혀서 죽었겠지 하고 내려다보니 놀라운 광경이 펼쳐졌다. 당나귀가 쏟아지는 흙을 몸에서 털어 내며 발로 흙을 다져 밟고 점점 올라오고 있었던 것이다. 결국 당나귀는 우물에서 스스로 빠져나올 수가 있었다. 우물에 빠져 생매장될 위기에 처했던 당나귀가 평안히 죽음의 위기를 극복하고 살아남은 것이다.

성급하게 결론을 내리지 않고, 기도 응답을 경험해 볼 두 번째 방법은 '믿음의 결단'이다. 요즘 아이들에게 선물을 사 주면 포장을 벗기는 것이 보통 일이 아니다. 몇 년 전에 아들에게 변신 로봇을 사 준 적이 있는데, 어찌나 꼼꼼히 포장해 놓았던지 한참 동안 벗기고도 철사까지 감겨 있어서 푸느라 고생했다. 그런데 선물이 내 것이라면, 포장을 벗기는 일도 내 몫이 되어야 한다. 하나님이 기도 응답이라는 선물을 주셨다면, 그 선물을 여는 것도 내 몫이라는 뜻이다.

하나님이 광야에 길을 내 주셨다면, 그 길을 걸어야 하는 것은 나다. 그런데 우리는 종종 사막에 길이 열려도 걸으려고조차 하지 않는다. 왜냐하면 사막이라는 고정 관념에 사로잡혀 하나님이 베푸실 기적을 기대하지 않기 때문이다. 사막을 걸을 때, 맞이하게 될 일들을 예측하고 성급히 결론을 내리는 것이다. '하나님이 아무리 사막에 길을 내셨어도 그곳은 사막이니 물이 없어서 결국 죽고 말 거야. 아니면 열사병으로 죽게 되겠지' 하면서 죽음이라는 결론을 내리는 것이다. 그러나 설마 사막에 길을 내 주신 하나님이 우리가 죽게 내버려 두시겠는가? 그러니 기도하고 믿었다면, 성급하게 결론 내리지 말라.

다시 이야기로 돌아가자. 베드로가 천사의 도움으로 기적적으로 탈옥에 성공했다. 그렇다고 모든 위험이 사라진 것은 아니다. 로마 군인이 쫓아올지도 모른다. 중간에 다시 잡혀갈 수도 있다. 액션 영화라면 아주 쫄깃해지는 상황이다. 주인공이 기적적으로 안전 가옥까지 온다. 쫓아오는 사람이 없는지 살피고, 문을 두드리기 시작한다. "여보세요, 여보세요. 나 피터요. 암호는 고등어. 고등어." 그러자 안쪽에서 "누구세요?" 하고 묻는다. "납니다. 피터 요원이요." 하지만 문은 열리지 않고, 여러 사람이 다투는 소리가 들려온다. "피터 요원이 무사히 돌아온 것 같습니다." 그러자 고참이 외친다. "무슨 소리야? 그 친구가 어떻게 와? 벌써 죽었을 텐데…." "아뇨, 정말로 왔다니까요!" "이 사람이 미쳤나? 이미 죽었다니까. 너는 네 일이나 잘해!" 그러니 영화를 보는 관객의 마음은 조마조마해질 수밖에 없다.

바로 이것이 사도행전에 기록되어 있는 상황이다. 드디어 베드로가 돌아왔다. "로데라 하는 여자아이"(행 12:13)가 놀라서 베드로가 대문 앞에 와 있다고 사람들에게 알렸다. 그때 예수님의 제자들과 교회 리더들은 베드로를 구해 달라고 기도하던 중이었다. 그런데도 여자아이에게 "네가 미쳤구나. 베드로가 어떻게 온단 말이야?" 하고 말하며 꾸짖었다. 여자아이도 지지 않고, 정말로 베드로가 돌아왔다고 말한다. 그러자 어른들은 "네가 잘못 들은 거야. 그건 베드로가 아니라 천사였을 거야"라며 부정했다. 그곳의 누구도 베드로가 왔다는 사실을 믿음으로 받아들이지 않았다. 기도 응답이 되었는데도 기도에 합당하게 행동하지 않았던 것이다. 그들은 단순히 기도만 했을 뿐이다.

그 자리에는 교회 리더들도 많았다. 아마도 베드로와 야고보를 제외한 예수님의 제자 대부분이 있었을 것이다. 예루살렘교회의 리더급은 다 모여 있었을 것이다. 그러나 로데라는 여자아이의 말을 믿는 사람은 아무도 없었다. 베드로가 문 앞에 서 있는데도 초대 교회의 지도자들은 기도 응답을 믿지 않았다.

왜 그랬을까? 성급한 일반화의 오류처럼 하나님의 응답보다는 자신들의 성급한 결론을 믿었기 때문이다. 베드로가 죽었을 것이라고 이미 결론 내린 것이다. 만약 그들이 베드로가 풀려나기를 간절히 기도하고 응답을 확신했다면, 베드로가 대문 밖에 서 있다는 로데의 말을 듣고 일제히 "할렐루야!"를 외쳤을 것이다. 그러나 그런 반응은 전혀 없었고, 오히려 로데를 나무랐다.

사도행전은 누가가 기록했다. 누가는 헬라인 의사로서 매우 꼼꼼한 사람이다. 그는 비교적 정확하게 상황과 이름을 기록하는 사람이다. 그러나 이 베드로 탈옥 사건에서만은 두루뭉술하게 기록했다. 이 일이 얼마나 창피했으면, 그 자리에 있었을 법한 교회 리더들의 이름은 기록으로 남기지 않았다. 그들 기도의 응답으로 천사가 등장하여 베드로를 구출시키는 기적이 일어났는데도 말이다. 오직 '로데'라는 여자아이의 이름만 기록되었다. 마치 그날 기도회에서 간절히 기도하고 응답을 온전히 믿었던 사람은 로데 딱 한 명이었던 것처럼 만들어 놓았다. 아마도 어른들은 모두 창피했을 것이다.

우리도 이런 실수를 종종 한다. 성급하게 결론을 내리거나 인간적인 결론을 내 놓고 기도한다면, 이런 황당한 사건은 언제든지 일어날 수 있다. 그러므로 미리 결론을 내리지 말고, 기도했다면 기도 응답을 끝까지 믿어라.

사랑하면 포기하지 않는다

어느 아프리카 선교사가 겪었던 일이다. 원주민 아주머니가 찾아와서 기도를 부탁했다고 한다. 아들이 말라리아에 걸려서 고열로 고통받고 있으니 하나님이 고쳐 주시거나 얼음을 얻을 수 있도록 기도해 달라는 것이었다. 선교사는 황당해서 기도는 하겠지만, 얼음은 구할 수 없다고 말했다. 실제로 날이 너무 더워서 얼음을 구해 올 방법이 없었다. 그러자 그 아주머니가 물었다. 얼마 전에 하나님은 살아 계시고, 기도에는 불가능이 없다고 설교했으면서 왜 말을 바꾸느냐고 따져 물은 것이다. 난감해진 선교사는 하는 수 없이 그녀가 요청한 대로 얼음을 구할 수 있게 해 달라고 기도했다. 그런데 놀랍게도 그 더운 날씨에 하늘에서 우박이 떨어지기 시작했다. 그 덕분에 환자의 열이 내려갈 수 있었다. 선교사는 상식에 근거한 믿음을 보여 주었지만, 아들을 절대로 포기할 수 없었던 엄마는 지레 포기하지 않고 기도 응답을 끝까지 믿었다.

그렇다. 사랑하는 자녀를 포기할 수 없기에 기도 응답도 포기하지 못한다. 주님이 십자가의 죽음으로 당신을 구원하셨기에 주님은 당신을 포기하지 않으신다. 당신은 그렇게 사랑받는 존재다. 그러므로 하나님은 당신을 절대로 포기하지 않으시며 당신의 기도에 성실하게 응답해 주신다. 그런데 왜 성급하게 포기하고, 마음대로 결론을 내리는가? 부디 자신의 가치를 깨닫고, 성급하게 결론 내리지 말고, 평안하게 기도하고 응답을 기다려라. 주님이 곧 이루신다.

08

버티는 것이 믿음이라고 착각한다면

✦

몬테카를로의 오류

✦

1913년 서유럽의 도시 국가 모나코 몬테카를로의 한 카지노 룰렛 게임장에서 있었던 일이다. 그날은 구슬이 연속으로 스무 번이나 검은색 칸에 떨어졌다. 사람들은 이쯤이면 구슬이 붉은색 칸에 떨어질 차례라고 확신했다. 그래서 모두 붉은색에 돈을 걸었다. 결과는 어떻게 되었을까? 붉은색 쪽에 베팅한 사람들이 돈을 벌었을까? 아니었다. 안타깝게도 구슬은 스물한 번째에도 검은색 칸에 떨어졌다. 그 뒤로 계속 검은색 쪽으로 떨어져서 그 횟수가 무려 스물여섯 번이나 되었다고 한다. 이번에는 붉은색이 나올 차례가 되었다고 믿으며 베팅했던 사람들은 번번이 돈을 잃었고, 역설적으로 그들은 돈을 잃을 때마다 다음번에는 분명 붉은색이 나올 것이라고 더욱 확신했다고 한다.

이 사건을 계기로 몬테카를로의 오류(Monte Carlo Fallacy) 혹은 도박사의 오류라는 말이 생겨났다. 즉 계속 잃었으니 다음 판은 딸 확률이 높다고 착각하는 것이다. 스물여섯 번이나 검은색 판에 떨어졌으므로 다음번에는 붉은색 판에 떨어질 차례라고 생각하는 것이다. 그러나 검은색 칸과 붉은색 칸은 반반으로, 확률은 언제나 50:50이다. 지금까지의 결과는 그리 중요하지 않다. 판마다 항상 새로운 확률이 적용되어야 하기 때문이다. 즉 확률은 과거에 영향 받지 않으며 늘 독립적이다. 그러나 사람들은 실패한 기간이 길수록 다음에는 성공할 확률이 높아진다고 믿는다. 즉 돈을 날린 기간이 길수록 행운이 한 번쯤은 찾아오리라고 착각하는 것이다. 언젠가는 잭팟이 터지리라는 믿음으로 자리를 떠나질 못한다.

누가복음 5장에도 실패하면서도 자리를 떠날 수 없던 사람들이 등장한다.

고정 관념을 깨뜨리라

게네사렛 호숫가에는 밤새 같은 자리를 지켰지만 한 마리도 잡지 못한 어부들이 있었다. 시몬 베드로와 그의 동료들이다. 이들은 어쩌면 몬테카를로의 오류에 빠져 있었는지도 모른다. 여태 한 마리도 못 잡았으므로 조금만 더 버티면 반드시 잡을 수 있으리라고 믿었을 것이다.

우리도 이와 비슷한 생각을 할 때가 많다. 굳이 몬테카를로의 오류를 적용하지 않더라도, 조금만 더 버티면 일이 잘 풀리리라고 막연히 믿을 때가 있다. 때론 본전이라도 뽑을 생각에 막연히 버틸 때도 있다. 책상에 오래 앉아 있을수록 공부를 잘하게 되리라고 믿는 학생의 심리가 이와 같다. 그런데 정말로 그런가? 막연히 기다릴수록, 자리를 오래 지킬수록 성공할 기회가 많아지는가? 실패를 거듭할수록 성공할 확률이 높아지는가? 그렇지 않다. 이럴 때 필요한 것은 무작정 버티기가 아닌 주님의 말씀에 순종하는 자세다. 단순히 그 자리를 지킨다고 해서 축복이 주어지는 것은 아니다. 자기 삶의 습관을 깨뜨리고, 말씀에 온전히 순종할 때 비로소 진정한 성공을 거둘 수 있다.

그러면 어떻게 순종해야 하는가? 우선, 경험에서 비롯된 고정 관념을 깨뜨려야 한다. 누가복음 5장 4절을 보면, 밤새 고생한 베드로 일행에게 예수님이 명령하신다. "깊은 데로 가서 그물을 내려 고기를 잡으라." 그런데 이 명령은 갈릴리 바다에서 잔뼈가 굵은 어부 베드로에게는 순종하기가 쉽지 않은 말이었다. 순종하기 힘든 정도가 아니라 어부 일에 관한 상식이 전혀 없는 무식한 소리였다. 아무리 베드로가 예수님을 훌륭한 선생님으로 인정한다고 해도 이 말은 완전히 멍청한 소리였던 것이다.

왜냐하면 밤에는 깊은 곳에, 새벽녘에는 얕은 곳에 그물을 던지는 것이 고기잡이의 정석이기 때문이다. 어떤 어부도 낮에 깊은 곳에 그물을 던지지 않는다. 경험상 헛수고일 것이 분명했다. 게다가 그 동네는 베드로의 홈구장으로 그가 밤새 허탕 쳤던 그 자리가 최고의 명당자리였을 수 있다. 평생 그곳에서 어부 노릇을 한 베드로가 엄한 자리에서 밤새웠다면 오히려 이상하지 않은가! 그런데도 베드로는 예수님의 이상한 명령에 순종한다. 그것도 "선생님 우리들이 밤이 새도록 수고하였으되 잡은 것이 없지마는 말씀에 의지하여 내가 그물을 내리리이다"(눅 5:5) 하고 고백하면서까지 말이다.

그런데 왜 목수인 예수님 어부에게 이래라저래라 훈수를 두느냐는 얘기를 들을 수도 있었는데, 그런 명령을 내리셨을까? 이유는 예수님에게 목적이 있었기 때문이다. 그것은 바로 베드로의 상식을 깨뜨리는 것이었다. 베드로의 상식, 그의 경험과 고정 관념이 깨져야 예수님이 원하시는 다음 단계로 나아갈 수 있기 때문이다.

우리에게도 동일하게 말씀하신다. 너의 상식을 깨뜨려라! 네가 지금까지 세상에서 신앙이라고 믿었던 잡다한 꼼수와 알량한 사명을 깨뜨려라! 베드로에게 말씀하신 것같이 생계형 어부가 되지 말고 사명형 어부가 되라고 말씀하신다. 이 순종은 패러다임 시프트(paradigm shift), 곧 인식 체계의 전환이다. 무(無)지성으로 버티는 세상에서 자유로운 세상으로 나아가라는 것이다.

이런 변화는 상식을 깨뜨리는 것에서부터 시작한다. 애벌레가 나비가 되기 위해서는 자신이 만든 소중한 고치를 찢고 나와야만 한다. 그래야 비로소 나비가 되어 날아갈 수 있다. 나의 상식이 애벌레같이 이 땅을 기는 것이라면, 주님의 상식은 나비와 같이 훨훨 나는 것이다. 주님은 그다음 단계를 원하셨기에 무지성 버티기를 믿음으로 아는 우리에게 말씀에 순종하기를 명령하셨다.

미국의 석유왕 록펠러도 베드로와 같은 경험을 한 적이 있다. 젊은 시절에 대출받아서 금광을 샀는데, 이 거래는 사기였다. 더 이상 채광이 안 되는 폐광을 산 것이다. 소위 영끌한(영혼까지 끌어 모은) 대출의 이자는 늘어만 가는데 월급을 받지 못한 광부들이 폭도로 변해 갔다. 록펠러는 거의 맞아 죽을 처지가 되었다. 기도 외에는 방법이 없었던 그때, 하나님이 응답을 주셨다.

"더 깊이 파라!"

예수님이 베드로에게 깊은 데로 가서 그물을 내리라고 하셨던 말씀과 같다. 아니, 더 나쁠 수도 있다. 베드로는 하루치 허탕에 그칠 수 있었지만, 록펠러는 잘못하면 광부들에게 맞아 죽게 생겼으니 말이다. 하나님이 주신 응답은 목숨을 걸어야만 하는, 완전히 말도 안 되는 응답이었다. 그러나 록펠러는 순종했다. 말씀대로 깊이 파 내려 갔다. 계속 파기만 했다. 그러던 어느 날, "펑!" 소리와 함께 물줄기가 치솟았다. '이런, 금이 나와야 하는데, 물이 나오다니…. 하나님의 응답도 별수 없구나' 하는 생각이 들었다. 그냥 상식선에서 포기하고, 폐광을 팔고 도망갔어야 했다고 생각하는데, 쏟아져 나오는 물이 이상해 보였다. 지하수가 아니라 석유였다.

금 대신에 석유가 나온 것이다. 이것을 시작으로 록펠러는 미국의 석유왕이 되었다. 상식을 깨뜨리고 순종한 록펠러에게 축복이 주어졌다.

상식을 깰 때, 주님이 어떤 자유함을 주실지 모른다. 그냥 버티는 것이 이기는 거라는 세상의 상식을 깰 때, 주님은 우리가 기대할 수조차 없던 놀라운 축복을 내려주실 수 있다. 세상은 버티는 놈이 이기는 놈이라고 말할 테지만, 우리는 말씀에 순종하여 승리하는 사람이다. 우리는 말씀에 의지하여 상식을 깨뜨리는 사람이다. 그러니 막연한 무지성의 믿음을 품고 자리만 지키지 말고, 말씀에 순종하여 한계 상황을 넘어라.

'한계 상황'이라는 말을 가장 먼저 사용한 사람은 독일 철학자 카를 야스퍼스(Karl Jaspers)다. 한계 상황이란 어쩔 수 없는 벽에 부딪혀 좌절할 수밖에 없는 상황을 말한다. 쉽게 말해서 벽에 가로막혀서 주저앉는 것이다. 그런데 이처럼 한계에 부딪혀서 주저앉아 있으면서도 버틴다고 말하는 사람이 많다. 하지만 이것은 믿음으로 인내하는 것도, 주님의 인도하심을 기다리는 것도 아니다. 그냥 그 자리에 있는 거다. 이리도 갈 수 없고, 저리도 갈 수 없어서 어쩔 수 없이 그냥 있는 것이다. 주님은 한계 상황에 부딪혀 주저앉아 있는 것이 최선인 줄 아는 우리에게 버티지 말고 돌파하라고 말씀하신다. 돌파하고 새로운 삶을 살라고 명령하신다.

말씀대로 돌파하면 새로운 가치와 삶이 주어질 것이다. 베드로도 그냥 버티며 살던 갈릴리 호수를 떠나 예수님을 따르면서 그의 삶에 새로운 가치가 주어졌다. 하루하루 고기잡이가 전부였던 베드로에게 주님은 새로운 신분을 주셨다. 이제는 먹고사는 문제로 고민하는 것이 아니라 하나님의 일을 감당하며 세상을 바꾸는, 사람을 낚는 어부 베드로가 된 것이다.

한계 상황을 극복하라

우리도 마찬가지다. 새로운 가치를 추구해야 한다. 세상의 가치가 아닌 하나님의 가치로 살아야 한다. 수능을 포기하고 책상에 앉아만 있는 학생이 아니라 공부가 아니더라도 세상에서 성공할 수 있다고 믿고 당당하게 살아가는 하나님이 자녀가 되라는 것이다. 취업을 포기하고 아르바이트나 하면서 "나는 여기까지야"라고 말하는 맥없는 청년이 아니라 지금까지 안 해 본 일에 도전하면서 주님의 능력으로 살아가는 청년이 되라는 것이다. '언젠가는 나에게도 기회가 오겠지' 하고 자리를 지키고만 있지 말고, 세상의 상식대로 자신을 평가하지 말고, 주님이 주실 새로운 삶을 기대하고 믿음으로 한계를 넘으라는 것이다.

한계 상황을 이기는 삶이 어떤 것인지 보여 주는 이야기가 있다. 작은 마을에서 목회하던 조이스 목사(Joyce Meyer)는 자신의 정원 모퉁이에 덩굴장미를 심었다. 노란 꽃을 풍성하게 맺는 종자로 심었으니 곧 정원에 노란 꽃이 만발할 것을 기대했다. 그런데 몇 년이 지나도 꽃이 한 송이도 피지 않았다. 그래서 조이스 목사는 장미를 판 꽃집 사장에게 물었다.

"나는 장미를 키운 경험이 많아요. 덩굴장미를 위해서 물도 잘 주고 거름도 주고 온갖 정성을 기울였는데, 꽃이 피지를 않네요. 잎사귀만 무성합니다. 무엇이 잘못되었나요?"

조이스 목사의 말을 다 들은 사장은 오히려 그의 상식과 경험 때문에 꽃이 피지 않았다면서 꽃을 피울 방법을 알려 주었다.

"이런 장미는 가장 척박한 땅에 심어야 합니다. 제일 좋은 모래흙이나 비료를 주어서는 안 됩니다. 불필요한 가지는 사정없이 잘라 버리세요. 그러면 꽃이 필 것입니다."

집으로 돌아온 조이스 목사는 선뜻 이해되지는 않았지만, 사장이 시키는 대로 했다. 그랬더니 다음 해에 화려하고 풍성한 덩굴장미가 정원 가득 피어났다. 이것을 본 조이스 목사는 노란 덩굴장미가 인간과 너무나도 비슷하다고 생각했다. 그렇다. 이 장미는 우리와 닮았다. 적당히 좋은 곳에서 버틸 때는 잎사귀만 무성하고 꽃을 피우지 못하지만, 괴로움을 넘어서면 풍성하고 아름다운 꽃을 피운다. 즉 고난을 적당히 이기며 버티는 것이 아니라 한계 상황을 극복할 때, 비로소 인생이 아름다운 꽃을 피워 낸다.

비록 지금 내가 처한 환경이 모래흙처럼 거칠고, 때론 나의 소망이 부러진 가지처럼 잘려 나갈지라도 무지성으로 적당히 버티고만 있지 말라. 베드로처럼 자신의 상식을 깨뜨리고, 주님의 말씀에 의지하여 새로운 소명 앞에 서라. 내 삶에도 아름다운 꽃이 피어날 것을 믿고, 깊은 곳에 가서 새로운 일을 하라.

베트남에서 사역할 당시 나는 종교 공안에게 총 열한 번 불려 갔다. 공항에서 입국을 거부당한 적도 있다. 그리고 성도들이 늘어나려고 하는 시기에 공안들이 주일 예배 장소로 쳐들어온 적도 있다. 예배 정지 행정 처분을 받아 1년 동안 예배를 드리지 못하게 되었다. 베트남 종교 공안 입장에서는 허가되지 않은 곳에서 불법적으로 영업했다고 징계를 내린 것이다.

몇 년간 노력한 선교지 개척교회가 망한 것처럼 보였다. 모든 것이 멈췄다. '추방 1순위 목사'라는 타이틀을 달고 살았다. 그러나 간신히 세워진 교회를 포기할 수 없었다. 그래서 수요 예배는 카페에서 차를 마시는 것처럼 이야기하며 드렸다. 모두 모여 기도할 때 눈을 감지 않고 눈을 뜨고 기도했다. 카페 밖에는 감시하는 눈들이 있었지만, 우리의 이 간절한 예배를 막지는 못했다.

그리고 금요 기도회는 땅 밟기 기도로 드렸다. 모든 성도가 한인타운 주변을 한 시간 정도 한 줄로 걸으며 기도했다. 늘 예배는 007작전 같았고, 성도들은 가나안 정탐꾼들 같았다. 그러나 그런 기간을 거치자 교회는 성장하기 시작했다. 예배 장소를 확장 이전했고, 공산권 국가에서 예배드리기 위해 반드시 필요한 예배 허가도 받을 수 있었다. 만약 장애물 앞에서 넋 놓고 있었다면 절대 있을 수 없는 일이었다. 그러나 사명 앞에 기도하고 새로운 일을 시작하자, 하나님이 역사하셨다.

주님의 부르심에 순종으로 반응하여 도전하라. 지금까지 실패했으므로 이번에는 성공하리라고 생각하지 말라. 지금까지 버텼으므로 이번에는 잘될 것이라고 믿지 말라. 순종으로 한계 상황에 도전해야 성공을 맛볼 수 있다. 믿는 자에게 능치 못함이 없다는 말씀을 깨닫게 될 것이다. 그러니 버티지 말고, 깨치고 나아가라. 기대하지 않았고, 생각하지도 못했던 새로운 성공이 주어질 것이다.

PART 3

성장

익숙함의 틀을 믿음으로 벗어 던지라

09

엉뚱한 것을 좇으며 살고 있다면

✦

레밍 신드롬

✦

미국에 살면서 이곳 사람들이 참 이상하게 보일 때가 많다. 코로나19 팬데믹 때도 느꼈고, 토네이도나 허리케인 시즌 때도 느끼곤 한다. 사람들이 마트에서 두루마리 화장지를 미친 듯이 사는 것이다. 조금만 늦게 가면 휴지는 구경도 할 수 없게 된다. 이 마트 저 마트를 순례해야만 겨우 살 수 있다. 오죽하면 신문에 "미국 화장지 대란"이란 헤드라인이 등장하겠는가.

여름 허리케인 시즌에는 전화가 먹통이 되거나 정전으로 인터넷이 안 되곤 하니, 다른 여러 가지가 필요할 텐데도 미국 사람들은 꼭 두루마리 화장지를 미친 듯이 사들인다. 거의 전쟁 수준이다. 그런데 미국 사람들이 경쟁적으로 휴지를 사들이기 시작하면, 나도 마음이 흔들린다. 나도 사야 하나 하는 무지성의 심정으로 집에 휴지가 넉넉히 있는데도 또 잔뜩 사들인다. 그러곤 '다들 사는데, 많아서 나쁠 건 없잖아' 하고 자기 합리화를 한다.

이처럼 이유는 모르겠지만, 나도 해야 할 것 같고 안 하면 안 될 것 같이 느껴지는 때가 있다. 무슨 유행병을 앓기라도 하듯 이유도 묻지 않고 그냥 하게 된다. 이렇게 남이 하면 묻지도 않고 따지지도 않고 그냥 따라가는 현상을 레밍 신드롬(Lemming Syndrome)이라고 한다. 레밍은 북유럽에서 집단생활을 하는 나그네쥐를 말한다. 레밍은 희한한 습성이 있는데, 앞선 한 마리가 바닷가 절벽으로 뛰어들면 나머지도 따라 뛰어들 정도로 맹목적인 데가 있다.

집단 자살 행태를 보일 정도로 맹목적인 것이다. 놀라우면서 참으로 어리석다는 생각이 든다.

맹인이 맹인을 인도하는 세상

맹목적으로 따라가는 습성은 우리에게도 있다. 몸에 좋다고 하면, 금세 동이 날 정도로 뭐든 사들이곤 한다. 아사이베리가 좋다고 하면, 곧바로 마트에 가서 아사이베리를 산다. 연예인이 무슨 티셔츠를 입고 인터뷰를 하면, 바로 유행이 되기도 한다. 누구네 자식이 어느 학원에서 공부했더니 미국 아이비리그에 합격했다더라 하는 소문이 나면, 엄마들은 거기가 어딘지 알기도 전에 일단 차의 시동부터 건다. 왜냐하면 남이 하면 나도 해야 하기 때문이다.

학자들은 레밍의 맹목성을 연구하다가 레밍의 눈이 매우 안 좋다는 것을 발견했다. 시야가 약 30cm 정도로 매우 짧다. 거의 맹인 수준이다. 그러니 앞에서 잘못 인도하면, 모두가 물에 빠져 죽게 되는 것이다.

이런 레밍과 같은 삶을 사는 사람들의 모습을 비유로 설명하고 있는 성경 구절이 있다. 누가복음 6장 39절이다. "맹인이 맹인을 인도할 수 있느냐 둘이 다 구덩이에 빠지지 아니하겠느냐." 그렇다. 맹인이 맹인을 인도하면, 실패한다. 우리도 사실은 주님의 인도가 없다면, 구덩이에 빠질 수밖에 없는 사람들이다. 앞날을 장담할 수가 없다. 유혹이나 거짓이나 죄악을 따라다니며 방황하며 살기 때문이다. 성적을 올리겠다고 이 학원 저 학원을 전전하다가 결국 원하는 대학에 못 가는 학생과도 같다. 진짜 실력이 있으면 이곳 저곳으로 옮겨 다니지 않는다. 진짜를 알고 있는 사람은 이런저런 소문에 휘둘리지 않는다.

사실, 우리는 진짜를 알고 있는 사람이다. 주님이 "내가 곧 길이요 진리요 생명이니 나로 말미암지 않고는 아버지께로 올 자가 없느니라"(요 14:6)라고 말씀하셨다. 세상의 허탄한 것을 따르지 말고, 진정한 길이신 주님을 따르라는 것이다. 우리는 길이요 진리요 생명이신 그분을 잘 알고 있다. 그러므로 그분의 인도하심을 따르기만 하면 된다.

아무것도 보이지 않는 상황에서 주님은 우리를 어떻게 인도하실까? 어둠 속에서 간절히 기도할 때, 길을 보여 주신다. 마가복음 10장에 여리고에 사는 바디매오라는 가난한 맹인 거지 이야기가 등장한다. 당시 여리고는 무척 아름다운 곳이었다. 기록에 의하면, 여리고는 '종려나무의 고향'이라고 불릴 만큼 종려나무가 많았고, 그 향기가 온 동네에 넘쳐나곤 했다고 한다. 게다가 흰 장미와 붉은 장미가 골목마다 피어서 '장미의 정원'으로 불리기도 했다. 또한 경치가 몹시 빼어나서 우리가 잘 알고 있는 안토니우스가 클레오파트라에게 사랑의 증표를 주었던 곳으로도 유명하다. 사람들이 많이 모여드는 매우 풍요로운 관광지였다. 당연히 목욕탕을 비롯한 편의시설이 많았고, 각종 경기장도 발달하였다. 이곳은 어떻게 먹고 즐길까를 고민하는 부유한 사람들의 여가 문화가 발달한 곳이기도 하다.

너무나도 아름답고 부유한 곳에서 살기에 오히려 더욱 불행했던 한 사람이 있다. 바로 맹인 바디매오다. 만약에 여리고가 가난한 사람들이 모여 살던 곳이나 병자들이 서로 의지하며 살던 동네였더라면 그나마 지낼 만했을지도 모른다. 그러나 여리고는 아름답고 풍요롭고 즐거움이 넘치는 곳이었기에 바디매오는 더욱 비참하고 힘든 삶을 살아야 했다. 공부를 열심히 해서 반에서 1등을 했는데, 형과 누나는 늘 전교 1등을 하는 꼴이다. 아니, 나는 시험을 망쳐서 죽고 싶은데, 형과 누나는 늘 전국 0.1%를 자랑하는 셈이다.

그러나 바디매오에게도 희망이 생긴다. 예수님이 병자들을 고쳐주신다는 소문을 들은 것이다. 게다가 예수님이 여리고에 오신다고 하니 기대감으로 흥분할 지경이었다. 예수님을 만나면 눈을 뜰 수 있으리라는 믿음이 생겨났다. 마침내 예수님의 목소리가 들려오자 기다렸다는 듯이 "다윗의 자손 예수여 나를 불쌍히 여기소서"(막 10:47) 하고 소리 질렀다. 예수님이 그의 외침에 반응하셨고, 바람대로 그를 고쳐 주셨다. 바디매오의 간절한 기도가 응답된 것이다.

우리도 이처럼 해야 한다. 남들만 잘되는 것 같고, 나만 뒤처지는 것 같을 때, 속으로 끙끙 앓지만 말고 주님 앞에 마음을 토해 놓아야 한다. 내게는 해답이 없고, 앞일이 하나도 보이지 않을 정도로 절망만 남았을 때, 나를 불쌍히 여겨 달라고 외치며 마음을 쏟아 놓아야 한다.

학습된 무기력을 믿음으로 떨치라

현관문 앞에 줄에 매여 움직이지 못하는 개가 있다. 그런데 이 목줄이 걸린 곳을 보니 작은 물병에 불과하다. 개가 마음만 먹으면 얼마든지 움직일 수 있을 것이다. 그런데도 이 개는 어릴 때부터 줄에 묶여 있다 보니 자유를 누리질 못한다. 줄에 묶이면 움직일 수 없다는 고정 관념에 사로잡혀 있기 때문이다. 그래서 다 커서도 여전히 물병에 매여 있는 것이다.

이것을 학습된 무기력이라고 한다. 오랫동안 줄에 묶여 있다 보니 스스로 움직일 수 없다고 지레 믿어 버린 결과다. 물병에 묶인 개는 주위를 둘러볼 수는 있지만, 자기가 가고 싶은 데로 마음대로 다닐 수 없다. 맹인처럼 사람들이 이끄는 대로 끌려다녀야 한다. 이 개가 자유를 얻으려면 주인에게 비굴할 정도로 꼬리를 흔들며 잘 보여야 한다.

실패에 익숙해진 우리 인생이 이런 모습일지도 모른다. 학습된 무기력이 삶의 습관이 되어 버린 것이다. 평생 목줄에 매여 끌려다니는 인생을 살 것인가? 우리는 이 목줄을 끊어 낼 수 있다. 바디매오처럼 소리 지를 믿음만 있다면, 나를 옭아매는 목줄을 끊을 수 있다.

바디매오에게 믿음이 있었을까? 아니면 밑져야 본전이라는 심정으로 소리쳤을까? 성경을 자세히 들여다보면, 그에게 믿음이 있었음을 알 수 있다. 바로 예수님이 그를 부르시는 장면에서다. 그는 여전히 맹인이었지만, 예수님이 부르실 때 뛰어나갔다. 당시 상황을 묘사한 대목을 보면 매우 놀랍다. 성경은 "맹인이 겉옷을 내버리고 뛰어 일어나 예수께 나아오거늘"(막 10:50)이라고 기록하고 있다. 그는 겉옷을 내버린 채 뛰어나갔다. 겉옷을 벗은 것이 대수인가 싶겠지만, 당시에 겉옷은 상당히 귀한 것이었다. 그 가치가 지금의 자동차 정도다. 여리고는 기온 차가 심해서 길에서 생활하는 거지들에게는 겉옷이 필수였다. 그런데도 바디매오는 전 재산과도 같은 겉옷을 내버리고 나아갔다. 다시는 겉옷을 안 쓸 사람처럼 말이다.

내가 가지고 있는 것을 버릴 수 있는 것은 지금 것보다 더 좋은 것을 얻을 수 있다는 믿음이 있을 때만 가능하다. 바디매오는 그런 확신이 있었다. 겉옷을 소지하는 것보다 눈을 뜨는 것이 더 중요하고, 예수님을 만남으로써 눈뜰 수 있음을 믿었던 것이다.

미국의 심리학자 윌리엄 제임스(William James)는 인간이 가진 가장 중요한 원동력은 '믿음'이라고 말한다. 그렇다. 하나님을 향한 믿음이 있다면, 어떤 어려움도 극복할 수 있다.

신경직 목사가 쓴《꿈의 사람들》을 보면, '카포치아'라는 사람이 나온다. 그는 멕시코의 유명한 조각가로서 많은 사람의 존경과 선망의 대상이었다. 날이 갈수록 그의 명성은 더해 갔다. 그런데 그에게 시련의 날이 찾아온다. 채석장에서 부족한 일손을 채우기 위해 돌 깨는 작업을 직접 하던 카포치아의 오른손이 큰 돌에 깔려 버린 것이다. 그의 오른손은 완전히 뭉그러졌다. 조각가에게 손은 생명과도 같으므로 카포치아는 유명하다는 의사들을 찾아다니며 어떻게 해서든 뭉개진 오른손을 고쳐 보려고 애썼다. 그러나 소용없었다. 깊은 좌절의 늪에 빠진 그는 기도로써 불안한 마음을 토해 냈다.

"걱정 대신에 희망을 발견하게 하옵소서. 염려 대신에 생각하게 하옵소서!"

그런데 기도하다가 깨달았다. 오른손을 대신할 수 있는 왼손이 남아 있다는 사실을 말이다. 그는 왼손으로 조각하기를 연습하기 시작했고, 오른손을 쓸 때보다도 더욱 훌륭한 작품을 만들어 내고야 말았다. 그를 아끼고 사랑했던 시민들은 그의 작품에 감탄했다. 시민들은 그 작품을 도시 한복판에 있는 광장에 세웠다. 그리고 〈그럼에도 불구하고〉라는 제목을 붙였다. 그렇다. 그럼에도 불구하고 주 앞에 기도하라. 그러면 길이 열린다.

주님의 지름길

눈 이야기가 나와서 말인데, 눈과 유사한 카메라와 필름에 관해서 이야기하겠다. 코닥(Kodak), 후지(Fuji)와 함께 세계적으로 유명한 필름 회사가 아그파(Agfa)다. 아그파는 1936년 세계 최초로 컬러 필름을 출시한 독일 회사다. 그러나 이 회사는 2001년 최대 흑자를 기록한 후 4년이 지난 2005년에 파산하고 말았다. 최대 실적에서 파산까지 불과 4년밖에 걸리지 않았는데, 그 이유는 간단하다. 필름에서 디지털로 변화하는 시대에 적응하지 못했기 때문이

다. 그들은 변화를 받아들이지 못하고, 전통에 매달렸다. 만약 그때 아그파가 필름을 버리고 디지털로 전환했더라면 지금도 여전히 유명한 회사로 남아 있을 것이다. 그러나 지난 시대의 유물을 버리지 못해서 망했다.

우리 삶에도 이런 영역이 있다. 바디매오의 겉옷과도 같은 것이다. 냄새나는 겉옷은 그가 거지임을 보여 줄 뿐이다. 그런데도 버리지 못한다면, 여전히 거지처럼 보일 수밖에 없다. 냄새나는 겉옷을 버려야만 눈을 새롭게 뜰 수 있다. 암흑에서 빛을 보게 된다. 그러므로 당장은 중요해 보여도 며칠 지나면 쓸모없어질 것에 매달리지 말고, 더욱 주님을 좇아라. 두렵고 힘들더라도 주님이 부르실 때 나아가라. 그러면 두려웠던 길이 오히려 지름길이 되는 축복을 경험하게 될 것이다.

이사야서에 이런 구절이 있다.

> 내가 맹인들을 그들이 알지 못하는 길로 이끌며 그들이 알지 못하는 지름길로 인도하며 암흑이 그 앞에서 광명이 되게 하며 굽은 데를 곧게 할 것이라 내가 이 일을 행하여 그들을 버리지 아니하리니 | 사 42:16

그렇다. 주님은 우리를 지름길로 인도하신다. 지름길을 편법으로 여기는 사람이 있는데, 그렇지 않다. 주님이 함께하시면 홍해가 갈라지고, 사막에 길이 나지 않는가? 그분이 나와 함께하시면 안전하게 목적지에 도착한다. 주님이 함께하시면 모든 길이 지름길이 된다.

빌리 그레이엄(Billy Graham) 목사와 동역한 킴 윅스(Kim Wickes)라는 한국계 미국인 시각장애인 찬양 사역자가 오래전에 간증했는데, 나는 이 간증이 주님이 주시는 지름길을 설명한다고 믿는다. 그녀의 고백은 이렇다.

"사람들은 맹인인 나를 인도할 때, 100m 전방에 무엇이 있다고 말하지 않는다. 단지 앞에 물이 있으니 건너뛰라고 말해 주고, 계단이 있으니 조심하라고 말해 준다. 나를 인도해 주는 이를 믿고 한 걸음씩 걷다 보면 목적지에 도착한다. 하나님이 우리를 인도하시는 방법도 이와 같다. 우리는 10년 후, 20년 후를 알지 못한다. 오늘 해야 할 일을 보여 주시는 하나님을 따라가면 내 생애를 약속하신 곳으로 마침내 인도하신다."

그렇다. 이것이 주님의 지름길이다. 이제는 레밍처럼 막연히 따라가지 말고, 주님의 지름길을 가자.

10

늘 어린아이이처럼 살고 있다면

✦

피터 팬

증후군

✦

서울 강남에 자리한 어느 상담센터에 삼십 대 초반의 부부가 찾아왔다. 최근 들어 부부싸움이 잦아진 탓이다. 남편이나 아내 모두 남부러울 것 없는 배경과 이력을 가지고 있었지만, 둘 사이에 다툼이 끊이지 않았다.

남편은 미국 유명 대학에서 유학한 엘리트인데, 고약한 습관이 하나 있었으니 바로 '사표 내기'였다. 아무리 좋고 편한 직장에 취직해도 몇 달을 못 견디고 사표 내기가 일쑤였다. 그때마다 일이 너무 힘들다거나 상사가 괴롭힌다는 등의 이유를 들었다. 아내 역시 일류대를 나와 직장 생활을 했지만, 역시 오래 다니지 못하고 관두기를 반복했다. 이 과정에서 부부는 자주 말다툼하게 되었고, 급기야 이혼을 결심하게 되었다.

이들을 상담했던 박사는 남편과 아내 모두 결혼 후에도 양가 집안에서 외제 차를 비롯해 생활비를 지원받으며 풍족한 삶을 누리다 보니 둘 다 가계를 책임져야 한다는 의무감도 피곤한 직장 생활을 견뎌 낼 인내심도 없는 사람이 돼 버렸다고 말한다. 그가 이 가정이 겪는 어려움의 원인으로 진단한 것은 피터 팬 증후군(Peter Pan Syndrome)이다.

어린아이의 일

피터 팬 증후군은 미국의 심리학자 댄 카일리(Dan Kiley)가 처음 사용한 용어로 영국의 소설가 제임스 매슈 배리(James Matthew Barrie) 경이 쓴《피터와 웬디》의 주인공 피터 팬에게서 따온 것이다. 나이를 먹지 않는 네버랜드에 사는 피터 팬처럼, 육체적으로는 이미 성인이 됐지만, 정신이나 행동은 여전히 어린아이 수준에 머물러 있는 현상을 말한다.

최근에 이와 비슷한 용어들이 많이 등장했다. 나이가 들어도 부모와 같이 사는 캥거루족, 어려울 때마다 부모라는 단단한 방어막 속으로 숨어 버린다는 자라족, 삼십 대 이후에도 독립하지 못한 채 부모에게 기대어 살아가는 빨대족(부모에게 빨대를 꽂고 계속 빨아먹는다는 뜻) 등이 있다. 이들의 공통점은 어른으로서 존재감이 약하며 책임과 의무를 거부한다는 것이다. 남을 배려하거나 타인을 위해 희생하는 정신이 희박하고, 인내심이 약하여 포기가 빨라 직장 생활을 오래 하지 못한다고 한다.

그런데 왜 이런 성인 아이들이 많아지고 있을까? 그것은 성장해야 할 때 성장하지 못하고, 책임감을 배워야 할 때 배우지 못한 탓이다. 어려움 가운데서도 도전하며 성장해야 하는데, 엄마 품 같은 편한 곳에만 있고자 하기 때문이다. 단단한 껍질을 깨고 나와야 병아리가 되듯 자신의 틀을 깨는 고통을 딛고 성장해야 하는데, 보호받는 테두리 안에 안주하느라 어른이 되지 못한 것이다.

독일의 소설가 헤르만 헤세(Hermann Hesse)는《데미안》에서 이런 말을 했다.

"새는 알에서 나오려고 투쟁한다. 알은 세계이다. 태어나려는 자는 하나의 세계를 깨뜨려야 한다."

그렇다. 자신이 살고 있는 세상을 깨뜨려야만 날아오를 수 있다. 계속 안주하다 보면 게을러지고 무기력해져서 도전하고자 하는 마음을 잃기 때문이다. 아마도 나중에는 아침밥 해 먹기, 장보기, 안부 전화하기를 비롯하여 심지어 TV 리모컨 누르기까지도 귀찮아질 것이다.

몽골 제국을 건설했던 칭기즈 칸(Činggis Qayan)은 "흙벽돌집에 살지 말라"라는 유언을 남겼다고 한다. 한곳에 정착하지 말라는 뜻이다. 정착하여 벽돌로 집을 세우고 안주하면, 더 이상 정복할 수 없게 되기 때문이다. 벽돌 뒤에 숨는 순간, 제국의 성장이 멈춘다는 것이다. 한곳에 머물지 않고, 새로운 목표를 향해 끊임없이 달려가는 것을 유목민 정신이라고 하지 않는가.

이를 한 사람의 인생으로 말하자면, 자기 세상에 안주하면 어린아이로 남게 된다는 뜻이다. 나이 먹고 몸은 커졌지만, 성장하지 못한 어린아이로 살게 될 것이다. 그래서 사도 바울이 "장성한 사람이 되어서는 어린아이의 일을 버렸노라"(고전 13:11)라고 고백한 것이다. 장성한 믿음의 사람으로서, 믿음의 능력자로서 살아가기 위해서는 어린아이의 것을 버리고 자라가야 한다.

그러면 어떻게 해야 어린아이의 모습을 벗고, 능력의 사람으로 성장할 수 있을까? 우선 롤 모델(role model)이 있어야 한다. 롤 모델이란 성숙과 성공을 이룰 때까지 본받을 만한 대상을 가리킨다. 우리는 롤 모델을 따라 하며 그의 성공과 실패에서 성장의 힌트를 얻는다. 다른 어떤 분야보다도 스포츠 분야에서 롤 모델의 역할이 매우 중요하다. 그래야 슬럼프를 극복하고 끝까지 갈 수 있기 때문이다.

2024 파리 올림픽에서 한국 양궁은 올림픽 10연패를 달성했다. 40년 동안 세계 1등을 계속했다는 뜻인데, 절대로 쉽지 않은 일이다. 그런데 이 어려운 일을 이룬 선수들에게 물어보면, 하나같이 롤 모델이 도움이 되었다고 한다. 이들은 자신의 롤 모델을 본받아 연습하고 노력했다고 말한다. 결국, 롤 모델의 길이 나의 길이 되고, 그의 실패가 나에게는 가르침이 되며, 그의 성공이 나에게는 비결이 되는 것이다.

또한 심리학자들이 공포증을 극복하는 방법으로 가장 중요하게 꼽는 것이 바로 롤 모델이다. 예를 들어, 뱀 공포증이 있는 사람이 있다고 생각해 보자. 그가 뱀 공포증을 극복하는 방법은 뱀에 관해 공부하는 것도, 뱀을 만져 보는 것도 아니다. 가장 도움이 되는 것은 뱀 공포증을 극복한 사람의 이야기를 듣고, 그를 롤 모델로 삼는 것이라고 한다. 그런 의미에서 롤 모델은 실패를 극복하고 성공을 얻는 가장 중요한 이정표가 된다.

온전한 사람이 되기

우리가 성경에서 바라봐야 할 롤 모델은 에베소서 4장에 등장한다.

> 오직 사랑 안에서 참된 것을 하여 범사에 그에게까지 자랄지라 그는 머리니 곧 그리스도라 | 엡 4:15

그렇다. 우리의 롤 모델은 바로 멸시와 천대, 고난과 고통, 십자가의 수치와 죽음 등을 이기신 예수님이다. 그런데 한 가지 의구심이 든다. 우리같이 부족한 사람도 예수님만큼 자랄 수 있을까? 백보 양보해서 일반인이 올림픽 메달리스트를 롤 모델로 운동하는 것이 가능할까? 과연 죽음에서 다시 사신 예수님만큼 성숙할 수 있을까? 도대체 왜 성경은 이렇게 불가능해 보이는 목표를 성장의 목표로 제시한 것일까?

찾아보면 방법이 아예 없는 것도 아니다. 성경은 "우리가 다 하나님의 아들을 믿는 것과 아는 일에 하나가 되어 온전한 사람을 이루어 그리스도의 장성한 분량이 충만한 데까지 이르리니"(엡 4:13)라고 말한다. 바로 이 구절에 성장의 매우 중요한 힌트가 들어 있다. 즉 믿는 일과 아는 일이 하나가 되면 된다. 그러면 온전한 사람으로서 장성할 것이다. 믿는 일, 즉 예수님을 구주로 고백하는 일과 아는 일에 하나 된다는 것은 살면서 하는 일이 신앙과 일치한다는 뜻이다. 믿음과 삶이 하나 되도록 노력하는 것이 곧 그리스도만큼 성장하는 길이다.

믿음이 있어도 삶에서 행함이 없으면, 바르다고 할 수 없고, 거짓으로 가득 차 있으면서 그럴듯한 신앙인인 척하는 것도 바르다고 할 수 없다. 믿음과 삶이 하나 되지 못한다면, 예수님이 바리새인들을 책망하셨던 것처럼 우리에게도 "회칠한 무덤"(마 23:27) 같다고 책망하실 것이다. 회칠한 무덤 같아서는 절대로 성장할 수 없다.

나는 어린 시절에 회칠한 무덤을 매일 본 적이 있다. 어릴 때 다닌 교회는 산꼭대기에 있었는데, 계단이 정말 많았다. 그런데 다리가 불편하신 권사님들이 그 높은 데까지 올라가서 열심히 기도하시곤 했다. 그분들의 기도는 항상 은혜로웠고, 찬양도 아름다웠다. 그런데 문제는 집에 가실 때 일어난다. 새벽 예배를 마치고 집으로 돌아가는 길에 남의 밭에서 고추나 오이를 따 가신 것이다. 심지어 큰 호박도 따 가셨다. 새벽에 교회에서 기도할 때는 권사님이지만, 집으로 돌아갈 때는 도둑이 되는 것이다. 이것은 "그리스도의 장성한 분량이 충만한 데까지" 이른 모습이라고 할 수 없다. 그러므로 믿는 일과 아는 일에 하나가 되도록 하자. 그러면 신앙의 피터 팬 증후군은 사라질 것이다.

《논어》의 〈안연〉 편에 이런 구절이 있다.

"必也, 正名乎. 君君, 臣臣, 父父, 子子."

(필야, 정명호. 군군, 신신, 부부, 자자)

'반드시 정명해야 한다. 군주는 군주답고, 신하는 신하답고, 아버지는 아버지답고, 자식은 자식다워야 한다'라는 뜻이다. 즉 자신의 위치에 걸맞게 살아야 한다는 뜻이다. 그런데 요즘은 어른이 어른답지 못하고, 부모가 부모답지 못한 경우가 많다. 왜냐하면 그들에게 어른의 온전함이 없기 때문이다. 그래서 성경은 장성한 사람에게는 온전함이 반드시 있어야 한다고 두 번이나 거듭 강조한다.

> 이는 성도를 온전하게 하여 봉사의 일을 하게 하며 그리스도의 몸을 세우려 하심이라 우리가 다 하나님의 아들을 믿는 것과 아는 일에 하나가 되어 온전한 사람을 이루어 그리스도의 장성한 분량이 충만한 데까지 이르리니 | 엡 4:12-13

여기서 "온전하게"와 "온전한"은 우리말로는 잘 구별되지 않지만, 헬라어 원문을 보면 그 의미하는 바가 서로 다르다. 우선, 12절의 "온전하게"는 성숙한 사람이 되는 과정을 의미하는 말로 '부러진 뼈를 다시 맞추다'라는 뜻의 의학 용어다. 생각해 보라. 다리가 부러졌는데 아프다고 그냥 내버려 둔다면, 다리뼈가 삐뚤어진 채로 굳어 버릴 것이다. 후에 다리를 바로잡으려면, 다시 부러뜨릴 수밖에 없다. 물론 고통스럽지만, 부러진 뼈를 바로잡는 고통을 겪어야 온전한 사람이 될 수 있다. 이런 과정을 거친 후에야 13절의 "온전한" 사람이 되는 것이다.

과정은 힘들어도 결과는 아름답다

'온전한 사람'의 뜻을 알면 알수록 쉬운 일이 아니라는 생각이 든다. 그렇다. 온전한 사람이 되는 과정은 절대로 쉽지 않다. 그러나 온전한 사람이 되는 것에 부담감을 느끼는 당신에게 도움이 될 만한 소설, 맥스 비어봄(Max Beerbohm)의《행복한 위선자》가 있다. 이 책은 비양심적인 악인 조지 헬 경에 관한 이야기다. 그는 마음뿐 아니라 행동까지도 얼마나 비열했던지 얼굴에서 야비함이 흘러넘치는 사람이었다. 온전함과는 거리가 있는 정도가 아니라 정반대의 사람이었던 것이다. 그는 절대로 성숙한 사람이 아니었다. 그런 그가 한 소녀를 사랑하게 되었다. 그 소녀에게 프러포즈를 하고 싶은데, 그의 얼굴만 봐도 기겁하며 도망갈 것 같아서 고민에 빠졌다. 헬 경은 고심한 끝에 세상에서 가장 성숙하고 거룩해 보이는 가면을 쓴 채로 프러포즈하여 결혼에 성공한다. 그리고 가면을 쓴 채로 5-6년을 살았다. 그러던 어느 날, 그의 과거를 잘 아는 친구가 찾아왔다. 그 친구는 헬 경의 가면을 무자비하게 벗겨 버린다. 이로 인해 가정이 망가지고, 사랑하는 사람이 떠날 위기에 처했다.

그런데 가면 뒤에 드러난 헬 경의 얼굴은 아름답고 성숙한 인자한 모습이었다. 성숙하고 온전해지고자 애쓴 그를 하나님이 버리시지 않았던 것이다. 온전한 가면을 쓰고 살면서 온전하기를 소망하니 얼굴을 온전하게 바꾸어 주신 것이다.

조지 헬 경의 이야기는 우리가 온전함을 추구할 때 겪게 될 고통과 변화를 상징적으로 보여 준다. 그는 처음부터 온전한 사람은 아니었다. 하지만 고통을 통해 억지로라도 온전해지려는 과정을 거치면서 결국 온전한 사람으로 성장했다. 이 과정은 단순히 외적인 변화를 넘어 내적인 성숙과 성장의 여정을 의미한다.

우리도 마찬가지다. 온전함을 이루기 위해선 아픔을 견디고 자신의 연약함과 싸우는 시간이 필요하다. 결국, 진정한 성장이란 완벽함이 아니라 부족함을 인정하고 끊임없이 나아가려는 의지와 노력의 결과다. 성장의 과정이 힘들고 고통스럽더라도, 그 끝에 기다리고 있는 변화는 생각보다 더 아름다울 수 있다. 이것을 소망하며 어린아이의 일을 버리고, 성장으로 나아가자.

11

세상의 지혜로 살고 있다면

◆

저녁 식사 모임의

딜
레
마

◆

LA 도심의 고급 레스토랑에서 동창들이 모였다. 외국에서 동창들을 오랜만에 만나니 더욱 반가웠다. 이런저런 안부를 물으며 할 이야기가 많았다. 어느덧 식사 주문을 해야 할 때가 왔다. 각자 메뉴판을 들여다보며 먹고 싶은 것을 고르느라 정신이 없었다. 식사 비용은 계산서에 나온 총액을 참석자 수대로 나누어서 모두가 똑같이 분담하기로 했다. 이때 이런 생각이 든다.

'굳이 싼 것을 먹을 필요가 있을까? 어차피 인원수대로 나눌 텐데…. 이참에 비싼 걸 먹어도 되지 않을까? 친구들이 싼 것을 주문하면, 나는 비교적 적은 비용으로 비싼 음식을 먹을 수 있을 테고, 나 혼자 싼 것을 주문하면 어차피 친구들에게 좋은 일을 하는 셈이 되잖아. 그렇다고 너무 비싼 것을 주문하면 속 보이니까 손해 안 보는 수준에서 주문해야겠다.'

궁리한 끝에 나름 절충하여 푸아그라와 캐비아 샐러드를 주문하면서 스스로 '나는 이런 기회를 참 잘 이용해'라고 생각하며 뿌듯해한다. 그런데 놀랍게도 동창들의 생각이 하나같이 똑같았다. 모두가 최고로 비싼 요리를 주문했고, 결국, 일 인당 512달러를 내게 되었다. 헤어질 때 속으로 결심한다. '다시는 동창회에 안 와.'

글랜스와 허버만(Glance & Huberman)은 이러한 상황에서 발생할 수 있는 딜레마를 저녁 식사 모임의 딜레마(Diner's Dilemma) 또는

뻔뻔한 저녁 식사 모임의 딜레마(Unscrupulous Diner's Dilemma)라고 불렀다. 손해를 피하려고 꾀를 부리다가 더 큰 손실을 보는 경우다. 한마디로 자기 꾀에 빠진 셈이다. 문제는 이런 식의 경험을 누구나 한다는 것이다. 아니, 직장에서 매일 점심시간에 경험하는지도 모른다. 나름대로 이것이 세상을 살아온 자신만의 연륜이요 지혜라고 믿으면서 말이다. 그러나 이 지혜는 생각처럼 잘 작동하지 않으며 오히려 큰 손해로 돌아오기도 한다.

그래서 야고보 사도는 이렇게 말하기도 했다.

> 너희 중에 지혜와 총명이 있는 자가 누구냐 그는 선행으로 말미암아 지혜의 온유함으로 그 행함을 보일지니라 | 약 3:13

이기심이 문제다

진정한 지혜를 얻으려면, 우선 이기심을 버려야 한다. 사실, 인간의 아이디어 대부분은 이기심에서 출발한다. 자기가 잘되고 잘 먹고 잘살려고 머리 쓴 결과가 아이디어이기 때문이다. 문제는 우리가 마음 쓰는 모든 곳에 이기심이 숨어 있다는 데 있다.

사진 촬영을 예로 들어보자. 모두가 잘 나온 사진이라도 내가 잘 안 나오면 안 좋은 사진이 되고, 반대로 모두가 안 나왔어도 나만 잘 나오면 좋은 사진이 된다. 누구나 자기가 잘 나온 사진을 더 오래 간직하는 법이다. 우리의 신앙도 이와 마찬가지일 때가 있다. 다른 사람들이 은혜로운 예배였다고 말해도 나의 수고가 드러나지 않으면 별로라고 느끼고, 나의 헌신이 돋보이지 않으면 마음이 불편해진다.

그러나 기억하라. 진정한 봉사는 시시해 보여야 한다. 나는 글을 자주 쓰는데, 글쓰기 실력이 늘었는지를 확인하는 방법이 있다. 내가 쓴 글이 시시해 보이면, 실력이 는 것이고, 대단해 보이면 아직 미숙한 것이다. 봉사도 마찬가지다. 나의 봉사가 대단해 보이지 않을 때, 진정한 봉사의 열매가 맺힌다. 나를 돋보이게 하려는 이기심을 버리고, 나의 헌신을 숨겨야 진정한 봉사라고 할 수 있다.

자기의 봉사와 헌신과 믿음을 크게 드러내 보이려 한다면, 마음속에 이기심이 숨어 있다는 뜻이다. 이런 이기심은 시한폭탄 같은 성질이 있다. 누군가 스위치를 누르는 순간, 갈등이 폭발하기 때문이다. 이 갈등은 당사자의 내적 갈등만 말하는 것이 아니라 공동체를 뒤흔드는 갈등이므로 연쇄적으로 폭발할 수도 있다. 다툼의 배후에는 어려운 환경이나 부족한 재정과 같은 심각한 문제만 있는 것이 아니다. 대개 이기심이 자리 잡고 있다.

이기심이 갈등의 원인임을 보여 주는 성경 구절이 있다.

> 그러나 너희 마음속에 독한 시기와 다툼이 있으면 자랑하지 말라 진리를 거슬러 거짓말하지 말라 이러한 지혜는 위로부터 내려온 것이 아니요 땅 위의 것이요 정욕의 것이요 귀신의 것이니 시기와 다툼이 있는 곳에는 혼란과 모든 악한 일이 있음이라 | 약 3:14-16

여기서 "다툼"을 영어 성경(NIV)은 "selfish ambition"으로 번역했다. 이를 우리말로 다시 옮기면, '이기적인 야망'이라고 할 수 있다. 헬라어 원문인 에리데이안(ἐριθείαν)도 마찬가지인데, '이기적인 생각'이란 뜻이다. 이 "다툼"이라는 표현이 신약 성경에서 다섯 번 더 나오는데, 영어 성경은 모두 "selfish ambition"으로 번역했다. 다툼에는 '이기적인 야망'이 깃들어 있다는 뜻이다. 그러므로 다툼이 있다면, 문제 너머에 이기심이 있다는 뜻이다.

그렇다면 우리는 세상의 지혜와 이기심을 어떻게 해야 할까? 이기심과 다툼을 어떻게 처리해야 할까? 답은 '내가 원하는 것이 아닌 주님이 원하시는 것을 하면 된다'라고 할 수 있다. 노먼 루이스(Norman Lewis)가 쓴《최우선 과제: 하나님은 무엇을 원하시는가》에는 여러 사역자의 다양한 간증이 나온다. 그중 스텐퍼드 켈리(Stanford Kelly)의 이야기는 우리에게 의미심장하게 다가온다.

스텐퍼드 켈리는 수년간 아이티 선교사로서 사역했다. 아이티는 세계에서 극빈한 나라 중 하나다. 어느 해 추수감사절 때의 일이다. 켈리가 사역하는 교회의 모든 성도가 추수감사절 헌금을 드렸다. 그중 한 봉투에 매우 큰 금액의 헌금이 들어 있었다. 어느 소년이 낸 헌금이었다. 자그마치 석 달 치 임금에 해당하는 큰돈이었다. 그래서 켈리는 추수감사절 저녁 파티 때 소년에게 헌금과 관련한 사연을 물어보려고 했지만, 소년은 파티에 참석하지 않았다. 한참 지난 후에야 그 소년을 만날 수 있었는데, 켈리가 소년에게 어떻게 그렇게 많은 돈을 헌금했는지 물었다. 소년은 추수감사절 헌금을 내기 위해서 말을 팔았다고 고백했다. 그러면 추수감사절 저녁 파티에는 왜 오지 않았느냐고 묻자 소년이 주저하다가 마지못해 털어놓았다.

"입고 갈 옷이 없었어요."

그날 켈리는 소년의 삶에 너무 감동한 나머지 가는 교회마다 이 소년의 이야기를 전했다. 어느 날 집회가 끝나자 부유한 차림의 여인이 다가와 지갑에서 돈을 꺼내 주며 그 소년에게 옷을 사 주라고 했다. 이때 켈리가 어떻게 반응했을까? 매우 실망한 켈리는 여인을 똑바로 쳐다보며 이렇게 말했다고 한다.

"제가 그 소년의 이야기를 한 것은 옷값이나 벌기 위해서가 아닙니다. 헌금을 강조하기 위해서도 아닙니다. 소년의 헌금이 하나님께 귀했던 것처럼, 당신도 주님이 원하시는 귀한 일을 하도록 권면하기 위해서입니다."

그렇다. 세상의 지혜로 살지 않고, 자기 꾀에 빠지지 않으려면 하나님이 원하시는 일을 하며 살아야 한다. 문제는 하나님이 원하시는 일이 굉장히 많아 보인다는 것이다. 십계명도 있고, 율법도 있다. 구약성경에 나타난 율법만도 613개에 달한다. 확실히 좀 많다. 그것을 다 기억하며 실천하기란 버거운 일이다. 그러면 하나님이 원하시는 일의 핵심은 무엇인가? '하나님 사랑'과 '이웃 사랑'이다.

결국, '사랑'이다. 세상의 지혜로 나를 사랑하는 것이 아니라 나 말고 다른 사람과 하나님을 사랑하라는 것이다. 마가복음 12장에 이런 구절이 있다.

> 선생님, 하나님께서는 한 분뿐이시고 그분 외에는 다른 이가 없다고 하신 말씀은 과연 옳은 말씀입니다. 또 마음을 다하고, 지혜를 다하고, 힘을 다하여, 하나님을 사랑하고, 이웃을 자기 자신처럼 사랑하는 것이, 다른 모든 번제물이나 희생 제물보다 더 중요합니

다 | 막 12:33, 쉬운성경

마음과 지혜로 하나님을 사랑하고 이웃을 사랑하는 것이 하나님 앞에 많은 제물을 바치는 것보다 낫다는 뜻이다. 우리가 마음과 지혜를 다해 힘써야 할 일은 세상에 적응하며 그럭저럭 잘 사는 것이 아니라 세상의 지혜를 버리고 사랑하는 것이다. 이제는 이기심을 내려놓고, 사랑해 보라.

무엇을 선택할 것인가

이기심을 내려놓고, 다른 사람을 사랑하는 좋은 이야기를 찾다가 어느 목회자의 간증을 듣게 되었다. 오래전 간증이지만, 아주 묵직하게 다가왔다. 목회자라면 절대로 눈물을 참을 수 없는 간증이다.

의사였다가 목사가 된 사람이 첫 목회로 깡패, 도둑, 거지 등을 돌보며 공동생활을 시작했다. 어느 날, 어려서부터 의붓아버지와 의붓오빠에게서 성폭행당해 온 여자아이가 공동체에 들어왔다. 중학교 3학년 때, 군에서 휴가 나온 의붓오빠가 성병을 옮기고 떠났다. 학교 보건 교사가 대체 어디서 이런 몹쓸 병에 걸렸느냐고 추궁하자 불쑥 목사님이 그랬다고 거짓말했다. 이 일로 그는 하루아침에 더럽고 악한 목사라는 주홍 글씨가 가슴에 새겨졌고, 치욕스러운 삶을 살게 되었다.

나중에 그가 여자아이를 만나 왜 그런 말을 했는지 이유를 물었다. 의붓오빠가 그랬다고 사실대로 말하면, 사람들이 자기를 사람 취급도 안 하고, 학교도 못 다닐 것 같아서 목사님이 그랬다고 둘러댔다고 고백했다. 여자아이의 이야기를 다 듣고 나서 그는 "그래, 그러면 끝까지 내가 그랬다고 말하렴. 학교는 다녀야 하잖니"라고 말하며 오히려 그 소녀를 위로했다. 나중에 모든 사실이 밝혀지기는 했지만, 목사는 오랜 기간 더러운 목사로 낙인찍혀 온갖 수모를 당했다. 그러나 그가 수모를 감내함으로써 여자아이에게 세상에는 자기를 아끼는 사람이 여전히 있다는 것을 가르쳐 주었다. 사람을 살린 것이다.

그렇다. 세상의 지혜는 우리에게 거짓말을 해서라도 이기적으로 살라고 하지만, 주님의 지혜는 사랑으로 사람을 살리라고 말한다. 당신은 어느 쪽을 선택할 것인가? 세상의 지혜인가 아니면 하나님이 주시는 사랑의 지혜인가? 이제는 세상의 지혜를 가지고 그만 고민하고, 이기심을 버리고 멋진 일을 해 보라.

12

혼자만의 삶에 익숙하다면

✦

고슴도치 딜레마

✦

19세기 독일의 어느 고급 레스토랑에 한 남성이 들어온다. 그는 앉자마자 2인분을 주문한다. 곧 고급 요리가 테이블에 세팅되었다. 그는 곧바로 식사를 시작했다. 왜 그는 다른 사람을 기다리지 않고 혼자서 식사를 시작했을까? 왜 친구가 오지도 않았는데, 먼저 먹기 시작했을까? 혹시 혼자서 2인분을 주문한 것일까? 그렇다면, 미식가라서 두 가지 요리를 한 번에 맛보고 싶어서였을까? 단지 돈이 많아서였을까? 그것도 아니라면, 여자 친구에게 바람을 맞았던 것일까? 대체 이유가 무엇일까?

이 남성이 2인분을 주문하여 혼자 먹은 이유는 따로 있었다. 자신의 앞자리에 아무도 앉지 못하게 하기 위해서다. 진정한 혼밥의 고수다. 그는 대학교수였는데, 평소 다른 교수들을 서슴없이 비판하고, 그들의 의견을 박살 내는 발언을 하곤 했다. 동료를 존중하거나 친구를 아끼는 법이 없었다. 당대 세계적인 철학자로 인정받던 헤겔(Hegel)도 가차 없이 비판하곤 했다. 다른 사람이 다 인정해도 자기만은 인정하지 못하겠다고 고집을 부리기까지 했다.

바로 철학자 쇼펜하우어(Schopenhauer)의 이야기다. 그는 성격이 까칠하여 친구가 별로 없었다. 많은 책을 썼지만, 성공하지는 못했다. 한평생을 거의 고난과 절망으로 보냈다. 그러다 63세에 《소품 및 보유》(Parerga und Paralipomena)라는 수필을 써서 그나마 이름을 알리게 되었다. 그의 이름을 알린 이 책에서 가장 사랑받았던 이야기가 바로 고슴도치 딜레마(Hedgehog's Dilemma)다.

고슴도치의 아픔을 잘 알지 않는가

고슴도치 딜레마의 내용은 이렇다. 추운 겨울 어느 날, 고슴도치들이 서로의 온기로 몸을 녹이기 위해 모여들었다. 하지만 모이면 모일수록 가시가 서로를 찌르기 시작한다. 추위는 덜했지만, 고통이 시작된 것이다. 그들은 서로 거리를 둘 필요가 있다. 그래서 서로에게서 멀찌감치 떨어지기로 한다. 그랬더니 추위에 몸서리를 떨게 되었다. 그래서 다시 모인다. 또다시 서로의 가시에 찔린다. 가까이 갈 수도 없고, 멀리 떨어져 있을 수도 없다. 서로의 온기로 따뜻함을 느끼고 싶지만, 가시 때문에 오히려 고통을 느껴야 하는 삶이 무한 반복되는 것이다. 결국, 고슴도치들은 적당한 거리를 유지하며 자신의 체온으로 추운 겨울을 보내야 한다.

왠지 우리 이야기 같지 않은가? 사랑받고 싶어서 다가가지만, 사랑받기보다는 상처받기 쉽고, 위로받고 싶어서 마음을 열지만, 찜찜한 불편함에 잠 못 이루는 우리 모습 말이다.

성경에도 사랑받고 싶었지만, 상처만 받았던 사마리아 여인이 등장한다(요 4장). 그녀는 사람들과 함께하고 싶었지만, 소문과 험담 때문에 마음이 불편한 나머지 혼자 지낼 수밖에 없었다. 다른 사람과 마주하기 싫어서 혼자서 2인분을 주문하던 쇼펜하우어처럼 이 여인은 낮 12시경에 홀로 우물가에 나와 물을 길었다. 당시 여인들은 햇볕이 뜨거운 한낮을 피해서 새벽에 물을 긷곤 했다. 한낮에 물을 길으러 나오는 것은 비상식적인 행동이었다. 그런데도 사마리아 여인은 모든 불편함을 감수하고서 낮에 우물가로 향했다. 왜냐하면 혼자 있고 싶었기 때문이다. 다른 사람을 만나기가 껄끄럽고, 그들 때문에 상처받는 것도 싫어서였다.

그녀도 원래부터 사람을 피하는 사람은 아니었을 것이다. 오히려 사랑받고 싶고, 사랑하고 싶어 하는 여인이었다. 그녀는 인생에서 실패한 경험이 많은 만큼 더욱 보상받고 싶었고, 더 잘살고 싶었다. 한마디로 그녀는 진정한 사랑에 굶주려 있었다. 하지만 다른 사람에게 가까이 다가가면 다가갈수록 고슴도치처럼 상처만 받았다. 남자들에게서 상처받고, 이웃들에게서 상처받았다. 결국, 그녀는 대낮에 홀로 우물가에 나와야 하는 신세가 되었다.

그런데 그녀에게 놀라운 일이 일어난다. 예수님이 그녀를 만나려고 친히 우물가로 오신 것이다. 그리고 이 여인에게 진정한 사랑으로 사는 법을 가르쳐 주신다. 이러지도 저러지도 못하는 고슴도치 사랑이 아니라, 세상이 주는 아픔을 품고 오히려 세상을 바꾸는 진정한 사랑이 있음을 가르쳐 주신다.

우리도 가까이하면 아프고, 멀리하면 외로운 고슴도치의 마음을 잘 알지 않는가. 혼자서 밥 먹는 것이 되레 편하다는 쇼펜하우어의 마음을 잘 알지 않는가. 사랑받고 싶지만, 상처만 받아 온 여인의 슬픈 마음을 잘 알지 않는가. 이제는 아픈 가시를 품고서도 세상을 바꾸는 진정한 사랑이 있음을 알고 싶지 않은가?

말 한마디로 인생이 바뀌다

어떻게 해야 상처받는 고슴도치의 사랑이 아닌 진정한 사랑으로 살아갈 수 있을까? 우선 사랑이 담긴 말을 해야 한다. 요즘 우리는 사랑이 담긴 말보다는 가시 돋친 말을 할 때가 더 많다. 이런 종류의 말을 흔한 말로 '팩트 폭력'이라고 한다. 팩트 폭력이란 상대방이 밝히고 싶어 하지 않는 팩트(fact), 곧 사실을 드러내 민감한 부분을 공격하는 것을 말한다.

사실, 요한복음 4장에서 예수님과 사마리아 여인이 나눈 대화를 들여다보면 거의 팩트 폭력에 가깝다. 예수님이 한낮에 우물가에 온 여인에게 물을 좀 달라고 하면서 대화가 시작된다. 여인이 바로 되묻는다.

> 당신은 유대인으로서 어찌하여 사마리아 여자인 나에게 물을 달라 하나이까 | 요 4:9

유대인과 사마리아인은 원래 상종하는 사이가 아니라고 말한 것이다. 두 사람 사이에 팽팽한 긴장감이 감돈다. 예수님이 대화를 이어 가신다.

> 네가 만일 하나님의 선물과 또 네게 물 좀 달라 하는 이가 누구인 줄 알았더라면 네가 그에게 구하였을 것이요 그가 생수를 네게 주었으리라 | 요 4:10

그러자 여인이 "주여 물 길을 그릇도 없고 이 우물은 깊은데 어디서 당신이 그 생수를 얻겠사옵나이까 우리 조상 야곱이 이 우물을 우리에게 주셨고 또 여기서 자기와 자기 아들들과 짐승이 다 마셨는데 당신이 야곱보다 더 크니이까"(요 4:11-12) 하고 반문한다. 한마디로 "당신이 그렇게 잘났어?" 하고 힐난한 것이다.

이들의 대화를 현대적으로 재해석한다면, 이런 식이다.

"내 신용 카드가 안 돼서 그러니 1만 원만 빌립시다."

“당신이 누군데 빌려줍니까?”

“조금 급해서 그래요. 나중에 넉넉히 갚을 테니 빌려주시오. 우리 아버지 재산이 좀 된단 말이오.”

“당신 아버지가 동네 부자면, 우리 아버지는 일론 머스크요!”

서로 막말을 주고받는 셈이다. 고슴도치에게 찌르는 가시가 있다면, 우리에게는 말의 가시가 있다. 말에 이런 가시가 있으면, 절대로 행복할 수 없고, 사랑받을 수도 없다.

아마도 고단하고 슬픈 여인의 삶이 가시를 키웠을 것이다. 그런데도 여인은 사랑하고 사랑받기를 갈구했다. 남편이 다섯이라는 사실이 바로 그 증거다. 문란하다고 생각할 수 있지만, 이는 새로운 삶을 살고 싶은 열망이 그만큼 강했다는 뜻으로 볼 수도 있다. ‘이번에는 꼭 잘해 보고 싶다. 성공해서 단란한 가정을 꾸리고 싶다’라는 열망 말이다. 그러나 어떤 이유에선지 그녀의 삶은 쉽지 않았다. 오히려 점점 더 어려워져 가기만 했다.

결국 더 이상 상처받기 싫은 마음에 사람들과 거리를 두기 시작했고, 누군가 자신에 관해 이야기하는 것을 들으면 그때마다 모질게 말했을 것이다. 그리고 여인의 거친 말에 상처받은 이웃들은 더욱 거친 말로 되갚아 주었을 것이다. 이처럼 우리는 피해자이면서 동시에 가해자가 되어 말로 상처를 주고받곤 한다. 고슴도치가 가시로 서로를 찌르고 찔리는 것처럼 말이다.

그러므로 우리는 서로를 격려하며 사랑이 넘치는 말을 주고받아야 한다. 당장은 내게 도움이 안 되는 것 같아도, 사람들에게 사랑의 말을 해 주어야 한다. 사랑과 희망의 말을 하기란 그리 어렵지 않다.

지글러 박사(Dr. Ziegler)의 이야기를 들어보면 누구나 할 수 있음을 깨달을 것이다. 유명한 심리학자인 지글러 박사가 어느 날 길을 가다가 한 거지를 만난다. 거지는 바닥에 연필을 늘어놓고, '1 달러'라고 써 붙여 놓았다. 얼핏 보기에는 연필을 파는 것처럼 보였지만, 실은 구걸하고 있다는 것을 지나다니는 사람들은 모두 알고 있었다. 수많은 사람이 거지를 불쌍히 여기며 돈을 주고 갔지만, 연필을 사 가는 사람은 아무도 없었다. 지글러 박사도 처음에는 무심코 돈을 놓고 지나갔다. 그러나 얼마 후에 돌아와서 거지 앞에 놓인 연필을 집어 들며 이렇게 말했다.

"내가 당신의 연필을 샀으니 이제부터 당신도 나와 같은 사업가요."

그 후 오랜 시간이 흘렀다. 어느 날, 멋진 신사가 지글러 박사를 찾아왔다. 그는 "나는 항상 그 자리에서 연필을 팔고 있었지만, 다들 돈을 주고 갈 뿐 누구도 내 연필을 사 가진 않았습니다. 그래서 나는 내가 거지인 줄로만 알았습니다"라고 말했다. 그 신사는 바로 수년 전에 지글러 박사가 길거리에서 만났던 그 거지였다. 그가 이어서 이렇게 고백했다.

"그런데 그날 당신은 달랐습니다. 가던 길을 멈추고 내게로 돌아와 연필을 집어 들며 내게 했던 말을 나는 지금도 생생하게 기억하고 있습니다. 그 말이 내게 얼마나 큰 힘이 되었는지 모릅니다. 그때 결심했지요. 나도 성공한 사업가가 되어야겠다고 말입니다. 그리고 그것을 이루기 위해 수고하고 애쓰다 보니 어느새 이 자리에 서게 되었습니다. 당신의 말 한마디가 내 인생을 바꿔 놓았습니다."

그렇다. 우리가 서로 마음을 열고 진지하게 대화할 수만 있다면, 말의 가시를 제거하고 대신 사랑을 담아 전할 수만 있다면, 우리는 서로에게 힘이 되고 능력이 되어 줄 것이다. 한번 스치는 인연이라고 할지라도 서로의 인생을 바꾸는 사람이 될 수 있다.

심장이 뇌로 보내는 신호

온몸이 가시로 덮인 고슴도치에게도 유일하게 가시가 없는 곳이 있다. 바로 가슴이다. 가슴과 가슴이 만나면, 서로에게 상처를 주지 않을 뿐만 아니라 따뜻함을 느낄 수 있다. 그러니 두려워 말고, 가슴을 열고 사람을 만나라. 그래야 진정한 사랑을 누릴 수 있다. 두근거리는 심장으로 만나면, 결국 사랑은 전해지기 마련이다.

어떻게 이런 일이 벌어지는가? 이 질문에 해답이 될 만한 이야기를 읽은 적이 있다. 뇌과학과 심장 과학의 연구 결과를 소개한《최성애·조벽 교수의 청소년 감정코칭》을 보면, 심장에도 뇌세포가 있다고 한다. 심장의 뇌세포와 머리의 뇌세포가 정보를 주고받는다는 것이다. 인간의 생존에 꼭 필요한 주요 장기인 뇌와 심장 간에 핫라인이 있는 셈이다. 흥미로운 사실은 뇌가 심장으로 보내는 신호보다 심장이 뇌로 보내는 신호가 더 많다는 것이다. 그것도 무려 열 배나 더 많다고 하니 놀랍지 않은가? 이는 심장이 뇌로 보내는 신호가 더 강력하다는 것을 의미한다. 그래서 이성적으로 판단할 때보다는 가슴이 두근거릴 때, 생각이 바뀌고 마음이 움직인다. 가슴이 뛰고 마음이 통하면, 생각이 바뀌는 이유가 바로 이것이다.

그러므로 마음이 통한다는 말은 상투적인 표현이 아니다. 과학적으로 설명하자면, 이렇다. 심장이 두근거리면서 발생하는 전자기장은 뇌에서 발생하는 전자기장보다 무려 5천 배나 더 크고 강하다. 그래서 심장에서 발생하는 전자기장은 1.8m 거리에서도 측정되지만, 뇌에서 나오는 전자기장은 고작 5cm 정도밖에는 힘을 미치지 못한다고 한다. 그래서 생각을 모으려면, 머리를 맞대야 한다. 하지만 마음이 통하는 사람끼리는 굳이 머리를 맞대지 않아도 되고, 한참 토론하지 않아도 된다. 상대방의 심장 박동을 가슴으로 느낄 수 있기 때문이다. 그래서 예수님도 당신의 사랑을 보여주시기 위해 심장을 지닌 인간의 모습으로 이 땅에 오신 것이 아닐까?

평소에 혼밥을 즐기고, 혼자 있는 시간을 즐겼더라도 이제부터는 가슴을 열고 사람들을 만나라. 가슴으로 만나면 가시 문제가 있는 고슴도치들도 사랑을 나눌 수 있다는 것을 알게 될 것이다. 당신의 심장은 머리보다 강하고, 당신의 사랑은 상황이나 환경보다 강력하다. 그러니 가슴을 활짝 열고, 사람들을 만나 서로 위로하라.

"혼자 가면 빨리 갈 수 있지만, 함께 가면 멀리 갈 수 있다"라는 아프리카 속담이 있다. 마라톤 경기와도 같은 삶, 장애물 경기와도 같은 인생이다. 함께 걸으며 승리하자.

PART 4

비전

성령의 능력으로
마지막 퍼즐을 맞추라

13

방관자들 앞에 서 있다면

✦

방관자

효

과

✦

2011년 5월 30일, 미국 캘리포니아 알라메다 해안가는 조용하고 평화로웠다. 하지만 평범한 날은 아니었다. 53세의 남성 레이먼드 잭(Raymond Zack)이 자살을 시도하기 위해 바닷물 속으로 들어갔기 때문이다. 레이먼드는 물속으로 천천히 걸어 들어가더니 점점 깊은 곳으로 향했다. 그의 행동은 해안가를 지나던 사람들의 주목을 받았고, 곧 몇몇 목격자들이 경찰서와 소방서에 긴급 신고를 했다. 경찰과 소방관들이 현장에 신속히 도착했지만, 모두 해안가에 서서 레이먼드를 바라보기만 할 뿐 그를 구하려고 바다에 뛰어드는 사람은 아무도 없었다.

그곳에 모인 구경꾼들도 레이먼드의 절망적인 모습을 지켜보기만 했다. 어떤 사람은 카메라로 그를 찍었지만, 어떤 구조 활동도 하지 않았다. 바닷물은 갈수록 차가워졌고, 레이먼드는 서서히 깊이 빠져들어 갔다. 경찰과 소방관들은 바닷속으로 들어가는 훈련을 받지 못했다면서 전문 잠수부와 구명보트가 도착할 때까지 기다리는 것밖에는 방법이 없다고 말했다.

레이먼드는 약 한 시간 동안 바닷물 속에 서 있었다. 그가 마침내 물 위에 떠오를 때까지 그를 구하기 위해 나서는 사람은 끝까지 없었다. 이를 목격한 모든 사람이 충격에 빠졌다. 많은 사람이 현장에 있던 경찰과 소방관들이 인명 구조를 위한 충분한 조치를 하지 않았다고 강력히 비판했다.

그의 죽음 이후, 이 사건은 미국 전역에서 큰 논란을 불러일으켰다. 사람들은 "왜 아무도 레이먼드를 구하지 않았는가?"라며 의문을 제기했고, 매스컴은 이 사건을 전하면서 그 원인이 방관자 효과(Bystander Effect)에 있다고 설명했다. 이 사건은 방관자 효과의 대표 사례로 꼽힌다.

방관자 효과란 주위에 사람들이 많을수록 어려움에 부딪힌 사람을 돕지 않게 되는 현상을 가리키는 심리학 용어다. '굳이 내가 나서서 도와야만 할까? 나도 바쁜데…. 괜히 잘못 도왔다가 문제만 생길 수 있어'라는 생각 때문에 돕지 않는 것이다.

그들이 방관하는 이유

성경에도 방관자 효과의 사례가 많다. 우선 선한 사마리아인 이야기가 있다. 바리새인이나 레위인이나 모두 강도당한 사람을 보고도 돕지 않고 그냥 지나쳤다. 또 스데반 집사와 야고보 사도가 순교한 사건도 들 수 있다. 순교 당시 주변에 사람이 많았지만, 나서서 돕는 사람은 아무도 없었다. 가장 대표적 예는 바로 예수님의 십자가 사건이다. 사람들은 예수님이 오병이어의 기적을 일으키실 때는 환호했지만, 예수님이 십자가에 달리는데도 아무도 나서

지 않았다. 모두가 구경꾼이요 방관자였다.

지금부터 자세히 살펴볼 이야기가 있다. 누가복음 5장의 중풍 병자와 그의 친구들 이야기다. 여기에도 방관자들이 등장한다. 많은 사람이 모여서 예수님의 설교를 듣고 있었는데, 중풍 병자와 그의 친구들이 예수님께 도움을 청하러 찾아왔다. 하지만 아무도 길을 열어 주지 않았다. 모두 중풍 병자를 돕고 싶은 마음이 없어 보였다. 중풍 병자의 친구들이 기발한 생각을 내지 않았더라면, 아마도 그는 예수님께 영영 다가갈 수 없었을지도 모른다.

당시 사람들은 왜 길을 열어 주지 않았을까? 우선, 환자를 바라보는 유대인의 독특한 시각이 있기 때문이다. 고대 유대인들은 병의 원인이 죄에 있다고 믿었다. 그러므로 그들에게 중풍 병자는 환자라기보다는 자기 몸을 가누지 못할 정도로 큰 죄를 지은 죄인으로 여겨졌다. 그러니 누구도 그들에게 길을 열어 주지 않았고, 오히려 저리 가라고 나무랐을 것이다.

게다가 또 다른 중요한 이유가 있었다. 예루살렘에서 온 자칭 의인이라고 행세하던 서기관과 바리새인과 율법 교사들이 실내의 좋은 자리를 차지하고 있었기 때문이다. 이들 의인 대표가 꼼짝하지 않고 있으니 죄인은 감히 밀고 들어갈 수 없었을 것이다.

지붕을 뚫을 정도로 간절했던 친구들의 모습을 보면, 분명히 사람들에게 간청하거나 소리를 지르기도 했을 테지만, 장벽은 쉽게 무너지지 않았다. 의인들 앞에서 죄인이 넘어야 할 장벽이 중풍이라는 질병보다 더 높았던 것이다.

중풍 병자의 친구들은 아주 오랫동안 소란스럽게 작업했을 것이다. 당시 유대인들은 지붕을 곡식을 말리거나 작은 연자 맷돌을 돌리는 공간으로 사용했기 때문에 튼튼하게 지었다. 대들보를 여러 개 두고, 그 사이에 서까래를 놓았는데, 그 위에 건초와 나뭇가지를 얹고 흙-건초-흙-건초 순으로 약 30-40cm 정도 두께로 지었다. 그러므로 몇 명 안 되는 사람들이 이렇게 튼튼한 지붕을 뚫고 들것에 실린 사람을 내려보낼 만한 공간을 만든다는 것은 결코 쉬운 일이 아니었다.

아마도 먼저 집주인과 다투어야 했을 것이다. 병 고침을 받은 후에 손해 배상을 위한 민사소송에 시달렸을 수도 있다. 지붕을 뜯어내느라 생긴 잔해들이 계속해서 집 안에 있는 사람들 머리 위로 떨어졌을 것이고, 집이 무너질까 봐 걱정하는 사람들이 웬 무식한 짓을 하느냐며 욕하거나 훈계했을 것이다. 심지어 예루살렘에서 온 실력자들은 이들을 율법적으로 정죄하기도 했을 것이다.

당시 중풍 병자의 친구들 마음은 어땠을까? 친구를 살려야 한다는 생각과 동시에 예수님이 밖으로 나오시면 문제가 쉽게 해결될 텐데 하는 생각이 들지 않았을까? 어쩌면 예수님께 바깥에서 중풍 병자를 봐 주시기를 먼저 요청했을 수도 있다. 소동을 일으키기 전에 예수님이 친구를 고쳐 주셨으면 모든 문제가 원만히 해결될 일이었다. 지붕을 뚫을 필요도 없고, 소음이나 먼지에 시달릴 필요도 없다. 무엇보다 중풍 병자와 친구들만큼이나 집주인도 행복했을 것이다.

그러나 예수님은 그들이 지붕을 뚫는 소동을 벌이는 중에도 밖으로 나오시지 않았다. 아마도 중풍 병자와 친구들은 예수님마저도 그들의 호소를 방관하시는 듯 느꼈을 것이다. 왜 예수님은 이 모든 소동을 보고만 계셨을까? 왜 중풍 병자를 빨리 고쳐 주시지 않았을까?

믿음과 행동 사이

그 답은 다음 구절에 있다.

> 예수께서 그들의 믿음을 보시고 이르시되 이 사람아 네 죄 사함을 받았느니라 하시니 | 눅 5:20

그렇다. 예수님은 그들의 믿음을 보고 싶으셨던 것이다. 특히 행동으로 옮기는 살아 있는 믿음을 보고 싶으셨을 것이다.

자녀를 키우다 보면, 아이들이 비싼 것을 사 달라고 조를 때가 있다. 부모의 입장에서 아이가 갖기엔 좀 이르거나 너무 비싸면 당연히 사 주기를 망설이게 된다. 이런 상황에 부딪히면 나의 대답은 거의 100% "NO!", 곧 거절이다. 절대로 안 사 준다.

우리 집 막내아들이 초등학교 3학년 때부터 사 달라고 조르던 것이 있었다. 바로 아이폰이다. 그것도 최신 모델을 원했다. 그러나 내 판단에는 초등학생이 아이폰을 가지고 다니는 것은 위험하다고 생각했다. 만약 떨어뜨려 액정이라도 깨지면 수리해 줄 자신이 없었다. 비용이 너무 많이 들기 때문이다. 그래서 막내아들에게는 부모가 쓰던 낡은 휴대폰이나 누나들이 안 쓰는 중고 폰을 주곤 했다. 하지만 이 친구는 포기할 수 없었던 모양이다. 아이폰을 살 돈을 모으기 시작한 것이다. 그러던 중 지난 5월, 돈을 모으기 시작한 지 3년쯤 되었을 때 이 친구에게 기회가 찾아왔다. 아니, 아이가 스스로 기회를 만들었다.

내가 휴대폰을 바꾸기 위해 아마존에서 아이폰 15 플러스 중고를 약 700달러에 구매했다. 그런데 막상 받고 보니 고민이 되었다. 너무 최신 폰인가 싶기도 하고, 너무 큰가 싶기도 해서 환불받으려고 다시 포장하고 있었다. 당시 내 모습을 유심히 지켜보던 아들이 다가와서는 자기가 모은 돈이라며 400달러를 내밀면서 나와의 협상을 시도했다. 아이폰 값으로 400달러를 낼 테니, 자기에게 넘기라는 것이다. 그러면서 아빠가 3년 전에 말하기를, 다음번에는 좋은 폰으로 바꿔 주겠다고 했다면서 과거의 약속을 들먹이며 압박해 왔다. 나는 어떻게든 이 비싼 최신형 폰을 아들에게 넘기지 않으려고 애썼지만, 믿음으로 400달러를 들고 온 아들의 눈을 들여다보는 순간, 달리 방법이 없음을 깨달았다.

결국, 700달러짜리 아이폰 15 플러스를 단돈 400달러에 아들에게 빼앗겼다. 그것도 초등학교 5학년에게 말이다. 그야말로 두 눈을 뜬 채로 300달러를 털리고 말았다. 아들의 믿음과 행동의 결과인 400달러가 그렇게 강력하고 설득력이 있을 줄은 미처 몰랐다. 이처럼 믿음에 행동이 더해지면, 엄청난 설득력이 생긴다.

예수님도 이러한 믿음과 행동의 파괴력을 보고 싶으셨던 것은 아닐까! 병을 고칠 수 있다는 믿음과 병을 고치는 행동 사이에는 하늘과 땅만큼의 차이가 있다. 고칠 수 있다는 믿음을 갖는 것도 좋지만, 그 믿음을 가지고 매일 치료받고 재활 치료를 하는 것은 다른 것이다. 이것을 기억하고, 믿음으로 행동하라. 방관자들 속에서도 꿋꿋하게 믿음으로 행동하라. 심지어 예수님조차 내 인생을 방관하시는 것 같더라도 아랑곳하지 말고, 믿음으로 행동하라. 그때 비로소 주님이 원하는 단계의 믿음을 드러내 보일 수 있게 된다.

우리는 방관자가 많은 세상에 살고 있다. 때로는 내가 방관자가 되기도 하고, 때로는 방관자들에게 둘러싸이기도 한다. 심지어 예수님조차 방관자처럼 느껴질 때가 있다. 그러나 기억하라. 믿음으로 행동할 때, 우리는 수많은 장애물과 방관자들 속에서 다시 일어설 수 있다. 그러니 작은 믿음이라도 있다면 믿음으로 행동하라. 내 삶의 장애물을 뚫어라. 내 앞에 있는 벽을 믿음으로 뚫는 동안은 힘들겠지만, 주님이 기다리신다. 믿음의 행동으로 장애물을 뚫고 나아갈 때, 나의 진정한 문제를 해결해 주시는 주님을 만나게 된다.

때로는 장애물과 싸우고 싶어도 어쩔 수 없이 방관자가 되는 순간도 있다. 바로 이 이야기의 주인공인 중풍 병자처럼 말이다. 중풍 병자는 마음이 간절했을지 몰라도 그 몸은 방관자였다. 자기 몸조차 마음대로 가눌 수 없는 상태였다. 인생의 해답을 앞에 두고도 방관할 수밖에 없는 환자였다. 그러나 기억하라. 주님이 나의 믿음을 지켜보신다. 절대로 당신을 포기하지 않으신다. 아무것도 할 수 없고, 내 인생에서 본의 아니게 중풍 병자 같은 방관자의 위치에 있더라도 견뎌라. 주님이 해결하신다.

주님이 해결하시는 모습을 잘 보여 주는 이야기가 있다. 남유다 여호사밧왕이 전쟁을 앞두고 있을 때의 일이다. 강력한 연합군이 공격해 오는데, 남유다는 전쟁 준비가 전혀 되어 있지 않았다. 이 때 여호사밧왕이 선택한 방법은 하나님만 바라보는 것이었다. 하나님을 바라본다는 것은 사실 무능력해 보이고 무기력해 보이는 방법이다. 그러나 그는 전쟁을 앞두고 정말로 온 백성과 함께 하나님만 쳐다본다. 꼭 아기가 엄마 얼굴만 보는 것과도 같다.

교육 심리학자들이 눈으로 보는 것이 얼마나 중요한지를 시험한 적이 있다. 걸음마를 시작한 아기들을 모아 놓고 5m 정도를 걷게 해 보았다. 그때 어떤 아기는 몇 번을 넘어져도 엄마에게 걸어 왔고, 어떤 아기는 한 번 넘어지더니 다시 일어나질 못했다. 장애도 없었다. 그래서 학자들은 이 차이가 무엇인지 연구하기 시작했다. 이제 걷기 시작한 아기 중에 어떤 아이는 계속 걸어서 결승점에 도달하는 데 성공하고, 또 어떤 아기는 중간에 포기하게 되는지 궁금했다.

무엇이 중요한 요인이 되었을까? 특별한 이유가 있었던 것은 아니다. 다만 넘어지더라도 엄마 얼굴을 쳐다보고, 엄마의 격려와 응원을 받은 아기는 몇 번 더 넘어져도 다시 일어나 걸었다. 그러나 한 번 넘어지더라도 땅만 보고 있던 아기는 결승점에 도착하지 못했다고 한다. 그렇다. 엄마 얼굴을 본 아기는 몇 번을 넘어지더라도 승리를 경험한다. 우리도 마찬가지다. 하나님의 얼굴을 찾고 하나님의 응답을 바라본다면, 실패를 경험하고 넘어지더라도 결국 승리하게 된다. 증거가 되는 여호사밧왕의 이야기를 보라.

여호사밧이 온 백성과 함께 하나님을 볼 때, 하나님은 격려의 메시지와 응답을 주신다.

> 너희는 이 큰 무리로 말미암아 두려워하거나 놀라지 말라 이 전쟁은 너희에게 속한 것이 아니요 하나님께 속한 것이니라
> | 대하 20:15

즉 두려워하지 말고, 놀라지 말라는 것이다. 그러면서 하나님은 전쟁이 무엇인지를 매우 의미심장하게 설명한다. 이 전쟁은 우리에게 속한 것이 아니요 하나님께 속한 것이라는 구절이다.

이 구절을 명확히 이해하려면, 원어에 가까운 영어 성경을 참고하는 것이 좋다. 영어 성경(KJV)은 "for the battle is not yours, but God's"로 번역했는데, 직역하자면 "이 전쟁은 너희 것이 아니라 하나님의 것이다"라는 말이다. 느낌이 오는가?! 전쟁은 하나님의

것이다. 그렇다면 우리는 무엇을 해야 하는가! 전쟁을 주님께 드리면 된다. 헌신과 감사와 찬양도 드리지만, 전쟁도 하나님께 드리면 된다. 그러면 주님이 우리에게 승리를 주신다. 쉽다. 주님이 나의 해답이라는 믿음으로 주님께 시선을 드리면, 주님이 직접 해결하신다.

자기 문제를 앞에 두고도 스스로 방관자 노릇을 했던 중풍 병자가 주님을 바라보자 주님이 해답을 주신다.

> 일어나 네 상을 가지고 집으로 가라 | 막 2:11

이때 중풍 병자가 처음으로 행동했다. 사실, 이 이야기에서 그가 직접 한 행동은 이것뿐이다. 그러나 이 행동은 매우 중요하다. 이 행동에는 고통을 이겨 내는 순종이 담겨 있기 때문이다. 예수님이 말씀하셨으니 일어나서 가면 되지 않겠느냐고 생각할 수도 있지만, 오랫동안 중풍을 앓아 왔던 이 환자에게는 절대로 쉬운 일이 아니었다.

나는 삼십 대 초반에 디스크 파열이라는 중병을 앓고, 1년 가까이 누워 지낸 적이 있다. 수술 후 일어나는 데만 30일이 걸렸다. 그때 아내는 나를 일으키려고 나와 싸울 정도로 잔소리하며 어떻게든 나를 일으켜 세워 보려고 했다. 그러나 나는 내심 낙심했던 터라 아내의 노력에도 별달리 반응하지 않고, 그저 누워만 있었다. 나에게 고난을 허락하신 하나님을 원망하며, 스스로 인생을 포기하는 방관자가 되어 가고 있었다. 유학길을 막으시고, 병까지 주시어 움직이지 못하게 하셨으니 하나님이 너무도 미웠다. 당시 내가 할 수 있던 유일한 일은 인생의 방관자가 되는 것이었다. 스스로 무기력해지고, 무력해지면서 아무것도 하지 않았다. 몸도 마음도 손에서 놓아 버렸던 것이다. 그러자 정말로 몸도 마음도 추스르기가 쉽지 않았다.

그러나 중풍 병자는 예수님의 말씀을 믿고 순종하여 자리에서 일어나 자기 침상을 들고 나갔다. 이 순간이 매우 중요하다. 이야기의 처음부터 아무것도 하지 않는 방관자였던 그가 스스로 행동하여 군중 속으로 들어온 것이다. 이 이야기에서 죄인이자 병자로서 아무런 영향을 끼치지 못했던 그가, 자기 몸도 가누지 못해 친구들이 옮겨 주어야 했던 그가 "일어나 곧 상을 가지고 모든 사람 앞에서"(막 2:12) 나감으로써 주님께 영광을 돌리는 주인공이 된 것이다.

우리도 마찬가지다. 자기 삶의 문제 앞에서 방관자가 될 때가 있다. 그러나 주님은 우리에게 행동을 요구하신다. 그 요구에 순종하면, 방관자들 사이에서도 영광의 주인공이 될 수 있다. 지금도 주님은 당신에게 방관자의 삶을 벗어 버리고 일어나라고 명령하신다. 어떻게 할 것인가? 여전히 방관자처럼 포기할 것인가? 스스로 방관자가 될 것인가? 아니면 벽을 뚫고 믿음으로 순종하여 영광의 주인공이 될 것인가?

지금 당장 방관자의 자리를 박차고 일어나라. 주님이 말씀하시니, 두려워하지 말고 앞으로 나아가라. 당신의 순종과 믿음이 하나님의 영광을 드러내는 도구가 될 것이다. 하나님의 영광의 주인공이 돼라! 그때 당신이 있는 그곳에 기적이 일어나고, 하나님이 함께 하신다는 영광의 증거를 얻게 될 것이다.

14

하나님의 진심을 알기 원한다면

◆

이케아 효과

◆

2019년 봄, 우리 가족은 베트남에서 미국 텍사스 휴스턴으로 이주했다. 휴스턴 새누리교회의 담임 목사로 부임했기 때문이다. 그해 봄부터 베트남에서 온 이삿짐을 찾고, 아이들을 전학시키고, 차를 구입하고, 사회보장번호(Social Security Number)를 받고, 운전면허증을 갱신하고, 심방을 다니는 등 미국 생활에 적응해 갈 때쯤 코로나19 소식이 들려왔다. 그리고 미국 대선이 치러졌으며, 곧 전 세계가 코로나19 팬데믹에 들어갔다.

새로운 교회에 담임 목사로 부임한 지 1년도 채 안 되어 교회 현장을 폐쇄하고, 모든 예배를 영상으로 드리게 되는 상황이 벌어졌다. 생전 처음 겪어 보는 일이었다. 전쟁 중에도 교회에 모여 기도했던 민족인데, 교회가 문을 닫아야만 하다니…. 말도 안 되는 상황이었다. 게다가 백신을 맞지 못해서 심방을 다닐 수도 없었다. 거의 1년 반 동안은 교역자끼리만 예배를 드려야 했다.

다행히 부임 초기에 방송 시스템을 전부 교체하였던 덕분에 주일예배를 바로 실황 중계할 수 있었다. 그러나 격리의 끝은 쉽게 보이지 않았다. 2020년 초에 시작된 격리가 2022년 여름까지 거의 2년 반 동안 지속되었다. 주변 교회 성도 중에 코로나19에 감염되어 소천하는 이들이 생겼다는 소문이 간간이 들려왔다. 담임 목사는 부임하고 나서 3년이 중요한데, 이 중요한 시기를 대부분 격리로 보내고 말았다. 열심히 사역해야 할 시기에 그저 무기력하게 있어야 했다.

그래도 감사한 것은 팬데믹 기간에도 새로 등록하는 성도들이 있었다는 것과 우리 교회에는 코로나19 감염으로 돌아가신 분이 없었다는 것이다. 비슷한 시기에 부임한 친구 목사들은 많은 어려움을 겪고, 결국 교회를 사임하기까지도 했는데, 나는 하나님의 은혜로 나름 잘 이겨 내고 있었다.

애착 형성

2년 반의 코로나19 팬데믹 동안에 내가 한 일의 대부분은 교회 건물들을 보수하는 것이었다. 본당이 1940년대에, 교육관과 체육관이 1970년대에 지어져서 수리할 곳이 아주아주 많았기 때문이다. 우선 간판을 새로 달았다. 직접 철판을 사서 그 위에 도안을 그리고, 아내와 함께 페인트칠을 했다. 다 만들고 나서는 부교역자들과 함께 지붕에 올라가서 직접 달았다. 가로 6m, 세로 1.5m로 제법 크기가 커서 설치하는 데 고생했다. 거의 한 달이 금세 지나갔다. 넓디넓은 교육관의 모든 의자를 수리하고, 청년부 예배실의 방송 장비를 세팅했다. 중고등부 예배실에는 방송 콘솔을 직접 설치했다. 유튜브로 공부하면서 혼자서 두 달 동안 교회 홈페이지를 직접 만들었고, 모바일 홈페이지도 만들었다. 또 중고등부 아이들을 위한 카페를 만들었는데, 특별히 이케아에서 가구들을 사 와서 직접 조립했다. 테이블이 6개, 의자가 25개 정도나 되었다.

그 외에도 실내 농구장의 원목 바닥을 수리하고, 주차장 울타리와 주차 라인을 새로 칠했으며 CCTV 시스템도 직접 구축했다. 하나하나 기억하지 못할 정도로 많은 일을 했다. 그런데 몸으로 부대끼며 직접 섬기니 교회를 더욱 사랑하게 되었고, 봉사하는 성도들의 수고가 얼마나 값진가를 새삼 깨닫게 되었다.

수많은 일 중에 가장 마음을 쏟은 일은 따로 있었다. 화단 가꾸기와 작물 키우기다. 그중 옥수수를 키우는 일이 매우 즐거웠다. 미국 옥수수는 달지만, 찰기가 부족하다. 먹어도 좀 아쉬운 감이 있다. 그런데 한국 옥수수는 찰기가 있어서 맛있다. 그래서 한국 옥수수 씨앗을 어렵게 구해다가 심었다. 옥수수를 수확해 먹을 생각에 매일 물을 주며 보살폈다. 내가 키운 옥수수를 온 교인이 함께 수확하고, 함께 나눠 먹는 것이 소망이 되었고, 비전이 되었다. 정말로 나는 옥수수를 사랑하고 있었다.

성경에도 나처럼 덩굴 싹을 보며 좋아하던 사람이 있다. 바로 요나다. 요나라는 이름만 들어도 바다, 풍랑, 고래 등을 먼저 떠올릴텐데 사실 요나 이야기에서 정말로 중요한 것은 마지막에 나온다.

왜냐하면 마지막 부분에서 하나님의 진심이 드러나기 때문이다. 하나님이 친히 당신의 마음을 말씀해 주셨다.

하나님의 진심을 알기 위해서 이 이야기를 좀 더 깊게 살펴볼 필요가 있다. 선지자 요나에게 하나님의 명령이 떨어진다.

> 너는 일어나 저 큰 성읍 니느웨로 가서 그것을 향하여 외치라 그 악독이 내 앞에 상달되었음이니라 | 욘 1:2

니느웨로 가서 그곳 사람들이 회개하도록 하나님의 심판을 선포하라는 말씀이다. 그러나 요나는 니느웨를 싫어했다. 그냥 싫어한 정도가 아니라 죽을 정도로 싫어했다. 그래서 배를 타고 니느웨가 아닌 네 배나 더 먼 다시스로 도망한다.

그러나 하나님의 간섭으로 바다에 풍랑이 일어나고, 배가 다시스로 갈 수 없게 되자 요나는 그냥 죽기로 결심한다. 선원들에게 "나를 들어 바다에 던지라 그리하면 바다가 너희를 위하여 잔잔하리라 너희가 이 큰 폭풍을 만난 것이 나 때문인 줄을 내가 아노라"(욘 1:12)라고 말했지만, 요나는 죽음을 무릅쓸 만큼 니느웨를 싫어했던 것이다. 만약 하나님이 고래를 제때 보내 주시지 않았더라면, 바다로 던져진 그는 죽고 말았을 것이다. 고래 배 속에서 삼 일을 지내게 된 요나는 하나님께 회개하여 다시 니느웨로 갈 수 있었다.

니느웨에 도착한 요나는 하나님의 심판을 전한다. 그러나 상당히 건성으로 전한다. 사실 니느웨는 사흘을 돌아다녀야 다 다닐 수 있을 정도로 큰 도시였는데, 요나는 하룻길만 돌아다니며 선포했다. 왜냐하면 원수의 나라 니느웨가 회개하는 것을 원치 않았기 때문이다.

요나는 동쪽 산에 초막을 하나 만들고, 그곳에서 하나님이 니느웨를 심판하시는지 안 하시는지를 지켜보기로 했다. 그때 작은 박 넝쿨이 그가 만든 초막 기둥을 타고 올라와 햇빛을 가려 주어 그늘을 만들어 주었다. 이때 요나의 모습을 성경은 이렇게 기록하고 있다.

> 요나가 박 넝쿨로 말미암아 크게 기뻐하였더니 | 욘 4:6

불순종하고, 원망하고, 죽기를 소망하던 그에게, 회개한 후에도 사명을 대충 감당하고, 니느웨가 망하길 바라던 그에게, 긍정적인 감정이라곤 하나도 없던 그에게 기쁨의 감정이 생겼다. 요나가 박 넝쿨 때문에 행복해한 것이다.

무엇이 요나를 그토록 행복하게 했을까? 어떤 박 넝쿨이기에 그리도 예뻐했을까? 바로 요나 자신이 지은 초막을 타고 올라온 박 넝쿨이었기 때문이다. 즉 자기가 만든 것을 더욱 돋보이게 하는 것이었기 때문이다. 게다가 그늘을 만들어 뜨거운 햇빛을 가려 주기까지 하니 더욱 사랑스러웠을 것이다.

이렇게 자기가 만든 것에 큰 애착을 갖는 것을 이케아 효과(IKEA Effect)라고 한다. 우리가 익히 알고 있는 그 이케아가 맞다. 이케아에서 조립형 물건을 산 사람이 스스로 만들면서 완제품과 비교해도 손색없을 정도로 물건에 더욱 애착을 느끼게 되어 가치가 상승함을 믿는 것을 말한다.

네가 아끼는 박 넝쿨

우리 집에도 이케아에서 사 온 식탁과 의자가 있다. 이민 초기에 혼자서 그것들을 조립했다. 그날 혼자 땀 흘리며 만들었던 기억이 지금도 새록새록 떠오른다. 그것들은 단순한 물건이 아닌 내가 기울인 노력의 결과물이다. 새로운 가치가 부여된 것이다. 내가 수고한 것이기 때문에, 나의 노력이 들어갔기 때문에 마치 나의 분신처럼 느껴지기까지 한다.

운동선수에게는 금메달이, 가수에게는 자기 노래가, 글 쓰는 사람에게는 자기 책이 그런 존재일 것이다. 그래서 누가 내 책을 잘 보관해 주면 그렇게 고맙고, 쓰레기통에 던져 버리면 마치 내가 버려진 듯한 기분이 드는 것이다.

요나에게는 초막 위의 박 넝쿨이 운동선수의 금메달과도 같은 것이었다. 어쩌면 요나서에서 자신의 마음을 알아주는 유일한 애착물이었는지도 모른다. 하여튼 요나는 이 박 넝쿨을 자신의 분신과도 같이 사랑했다.

그때 하나님이 요나의 마음을 아시고, 박 넝쿨을 시들게 하셨다. 그가 그렇게 예뻐하던 박 넝쿨이 죽어 가는 것이다. 이것을 본 요나는 하나님 앞에서 또 목숨을 건다. 성경에 기록된 하나님과 요나의 대화가 그 증거다. 보라.

> 하나님이 요나에게 이르시되 네가 이 박 넝쿨로 말미암아 성내는 것이 어찌 옳으냐 하시니 그가 대답하되 내가 성내어 죽기까지 할지라도 옳으니이다 하니라 | 욘 4:9

성내어 죽기까지 박 넝쿨이 중요하다고 말한다. 한마디로 박 넝쿨에 목숨을 건 것이다.

그런데 요나의 박 넝쿨을 시들게 한 것은 하나님의 철저한 계획이었다. 하나님은 당신의 자녀를 얼마나 사랑하시는지를 요나에게 보여 주려고 하셨다. 그가 박 넝쿨을 죽기까지 사랑한 것처럼 하나님도 요나를, 또 당신을 죽기까지 사랑한다는 것을 보여 주고자 하신 것이다.

요나서 마지막 부분에서 드디어 하나님이 요나에게 당신의 진심을 들려주신다.

> 네가 수고도 아니하였고 재배도 아니하였고 하룻밤에 났다가 하룻밤에 말라 버린 이 박 넝쿨을 아꼈거든 하물며 이 큰 성읍 니느웨에는 좌우를 분변하지 못하는 자가 십이만여 명이요 가축도 많이 있나니 내가 어찌 아끼지 아니하겠느냐 | 욘 4:10-11

요나가 박 넝쿨을 아끼듯 하나님은 당신이 친히 창조하시고, 독생자를 내어 주시기까지 사랑하시는 당신의 자녀를 얼마나 아끼겠느냐고 물으셨다. 요나는 자기가 만들지도 않은 것을 그렇게나 아끼는데, 하나님은 친히 창조하신 당신의 자녀 한 사람, 한 사람을 얼마나 사랑하시겠는가! 죽기까지 사랑하시지 않겠는가!

먼 불빛과도 같은 사랑

이철환 작가가 쓴《연탄길》에는 〈먼 불빛〉이라는 제목의 이야기가 실려 있다. 실화를 바탕으로 한 이야기인데, 현태라는 아들이 나쁜 친구들과 어울려 부모의 속을 썩였다. 아무리 타일러도 아들은 변하지 않았다. 그냥 두었다가는 누군가를 죽여서 교도소에 가든지 아들이 싸우다가 죽든지 둘 중 하나가 될듯했다. 아버지는 아들을 살려야 한다는 생각밖에 없었다. 무슨 수를 써서라도 아들의 마음과 행실을 바꿔 놓겠다고 마음먹었다. 그래서 놀라운 일을 벌인다. 동네의 귀금속 가게에 들어가 물건을 훔치는 척하다가 체포되어 교도소에 들어간 것이다. 그리고 아내와 함께 면회를 온 아들에게 이렇게 말했다.

"아들아 이 아비를 용서해다오. 사는 게 너무 힘들어서 아버지가 순간적으로 죄를 저질렀구나. 아비가 이 모양이니 너인들 바른길을 걸어갈 수 있었겠니? 그러나 이 아비가 아들에게 한 가지 꼭 부탁할 것이 있단다. 내가 온 이곳에 너만은 오지 말아야 한다. 너는 꿈에라도 이런 곳을 기웃거려서는 안 된다. 교도소란 인간을 더 비참하게 만드는 나쁜 곳이란다."

면회를 마치고 교도소를 나온 어머니는 아들을 붙들고 통곡하면서 절규하듯 말했다.

"현태야, 네게 할 말이 있다. 네 아버지는 도둑이 아니야! 네 아버지는 절대로 도둑질할 사람이 아니란다. 이게 다 너를 위해서다! 너를 위해서, 네가 나쁜 짓 하다가 죽을까 봐, 사람이라도 죽여서 교도소에 갈까 봐, 너의 젊은 시절을 그곳에서 다 썩힐까 봐, 아버지가 네가 갈 그곳에 미리 가서 네가 거기 오는 것을 막아 보려고 그러신 거야."

이 일로 아들 현태는 자기를 위하여 희생하신 아버지의 사랑을 크게 깨닫고 새로운 인생길을 걷게 되었다. 작가는 이야기를 이렇게 끝맺는다.

"아버지는 아들을 위해 스스로 어둠이 되었다. 빛을 거부했던 아들의 어둠 속으로 들어와 끝내는 그르치고야 말 그의 인생 앞에 불빛 하나를 밝혀 주었다. 어두운 밤바다 같은 인생에서 표류할 때마다 두고두고 바라볼 먼 불빛, 아버지, 아버지…."

우리는 종종 우리의 이해를 초월하는 하나님의 손길을 경험한다. 결론을 보기까지는 하나님의 진심이 무엇인지 도무지 이해하지 못한다. 마치 요나가 자신의 소중한 박 넝쿨이 시드는 것을 보며 분노했던 것처럼, 문제아 아들이 아버지를 감옥에서 만난 것처럼,

우리도 때때로 우리 삶에서 이해할 수 없는 상황들과 마주한다. 그러나 그 모든 것은 우리를 향한 하나님의 깊고도 뜨거운 사랑의 표현이라는 것을 명심하라.

이제는 작은 것에 집착하지 말고, 하나님이 우리를 위해 예비하신 크고 놀라운 비전을 신뢰하자. 그분의 사랑 안에서 더욱 담대하게 나아가자. 세상을 구원하는 순종도 좀 해 보자. 순종하면 손해 볼 것 같지만, 절대로 아니다. 반대로 비전이 이루어진다. 이제는 나의 박 넝쿨이 조금 시들었다고 하나님 앞에서 죽을 만큼 화내지 말자. 당신이 사랑한 그 박 넝쿨 이상으로, 하나님은 당신을 열 배, 백 배, 백만 배 이상으로 사랑하신다. 하나님 아버지의 진심을 깨달아 세상에서 막살지 말고, 당신에게 주신 비전을 이루는 귀한 삶을 살라!

15

세상과 하나님 사이에서 고민한다면

◆

햄릿 증후군

◆

프랑스 철학자 장 폴 사르트르(Jean Paul Sartre)는 인생을 "B와 D 사이의 C"라고 표현한 바 있다. 즉 인생이란 태어남(Birth)과 죽음(Death) 사이에 있는 선택(Choice)의 연속임을 의미한다. 그렇다. 인생은 학교, 직업, 배우자, 심지어 쇼핑까지도 선택이 아닌 순간이 없다. 우리는 매일 무엇인가를 선택하면서 경험과 노하우를 쌓아 가지만, 선택은 여전히 어렵다. 살다 보면, "사느냐 죽느냐"(to be, or not to be), "살까 말까"(to buy, or not to buy), "하느냐 마느냐"(to do, or not to do) 등과 같은 고민을 끝없이 하게 되기 때문이다.

그에 따라 햄릿 증후군(Hamlet Syndrome)을 겪기도 한다. 1989년에 처음 등장한 이 용어는 윌리엄 셰익스피어(William Shakespeare)의 희곡《햄릿》의 주인공 햄릿처럼 결정을 내리지 못하고, 오랫동안 고민하는 사람들이 겪는 어려움을 말한다. 특히 현대인들은 수많은 선택의 갈림길에서 선택 장애 또는 결정 장애를 경험하곤 한다.

무엇이 보물인가

마태복음 6장에서 예수님이 들려주신 하늘에 쌓는 보물 이야기는 전통적으로 우리로 하여금 결정 장애에 빠지도록 하는 대목이다(마 6:19-24). 특히 "너희가 하나님과 재물을 겸하여 섬기지 못하느니라"라고 하신 24절이 마음에 걸린다. 하나님과 재물 중 선택하라는 것인데, 참으로 어려운 일이다. 우리는 예수님을 믿고 반드시 천국에 가야 하지만, 동시에 이 땅에서 살아가려면 재물도 필요하기 때문이다.

이 구절은 때로는 자신이 너무 '돈'만 밝히며 사는 것이 아닌가 하는 죄책감을 안겨 주기도 하고, '대를 이어 하나님께 충성하는데도 왜 나는 가난에서 벗어나지 못하는가' 하는 원망을 남기기도 한다. 사실, 돈을 버리고 하나님만 섬기자니 현실을 살아내기가 녹록하지 않다. 가난하게 살면서 기쁘게 살기란 쉽지 않다. 돈도 없고 몸까지 아픈데, 내가 믿음으로 선택한 하나님이 아무것도 해 주지 않으신다면 얼마나 힘들겠는가?

미국에서 파산하는 사람의 약 60%가 병원비를 갚지 못해서라고 한다. 죽을병에 걸려 살기 위해 치료받았는데, 그 병원비 때문에 다시 죽을 지경에 이르는 것이다. 그런데 이들 중 상당수는 하나님이 고쳐 주시기를 간절히 기도했을 것이다. 그러나 치료의 기적은 일어나지도 않고, 병원비 때문에 쌓인 빚 때문에 결국 파산하고 만다면, 신앙에 관한 내적 갈등이 얼마나 심하겠는가?

그렇다면 주님도 잘 믿어야 하고, 돈도 필요한 세상에서 내적 갈등을 극복하고, 믿음의 자녀로서 잘살기 위해서 우리가 반드시 알아야 할 것은 무엇인가? 우선, 보물이 무엇인지를 알아야 한다. 즉 우리 마음에 있는 보물이 무엇인지 알아야 한다. 이에 관해 예수님은 이렇게 말씀하셨다.

> 오직 너희를 위하여 보물을 하늘에 쌓아 두라 거기는 좀이나 동록이 해하지 못하며 도둑이 구멍을 뚫지도 못하고 도둑질도 못하느니라 네 보물 있는 그곳에는 네 마음도 있느니라 | 마 6:20-21

얼마 전에 우리 집의 보물이 무엇인지를 깨닫게 되는 작은 사건이 있었다. 아들의 아이패드가 충전이 안 되었다. 그래서 유튜브를 찾아보니, 부품 하나만 교체하면 다시 사용할 수 있다는 것이다. 영상을 볼 때는 아주 쉬워 보였다. 하지만 유튜브를 보며 두 시간 동안 씨름했지만, 납땜 부분에서 포기하고 말았다. 일반 가정집에서 인두로 납땜하여 수리하기란 불가능한 일이었기 때문이다. 결국, 아이패드는 쓰레기통에 버려졌다.

그런데 그때는 몰랐다. 그 후에 더 어려운 과정이 남아 있다는 사실을 말이다. 옆에서 존경의 눈빛으로 나를 보던 아들에게 아이패드를 고칠 수 없다고 말해야 했던 순간이 바로 그것이다. 아들이 느낄 실망감과 아빠로서의 체면을 동시에 다루어야 하는 또 다른 선택의 순간이 온 것이다. 그런데 아들이 눈치를 챘는지, "망가졌어? 아빠가 망가뜨린 거야?" 하며 참았던 눈물을 터뜨리며 대성통

곡하기 시작했다. "이거 내 보물인데…. 내 보물이란 말이야" 하며 꺼이꺼이 목 놓아 울었다. 말 그대로 아들에게는 아이패드가 보물이었다. 그런데 나에게는 우리 아들이 더 큰 보물이다. 그래서 직접 고쳐 주고 싶었던 것이다. 나의 가장 큰 보물인 아들에게 실망을 안겨 주었다는 것이 마음 아팠다.

그러나 이 사건 덕분에 깨달은 것이 있다. 사람마다 보물로 여기는 것이 다르다는 사실이다. 그렇다. 사람마다 각자의 보물이 있다. 그래서 성경에서 보물이 언급되면, 각자 자신이 소중하게 여기는 것을 반사적으로 떠올리게 된다. 당신의 보물은 무엇인가? 자녀인가 아니면 건강인가? 돈인가 아니면 젊음인가?

성경이 말하는 보물은 딱 한 가지다. 돈도 건강도 자녀도 젊음도 아니다. 성경이 말하는 보물은 오직 천국이다. 이 땅의 인간이 소유할 수 있는 최고의 보물은 바로 영원한 생명이 있는 저 천국인 것이다.

보물이 있는 그곳

내가 사는 휴스턴은 유전이 많은 곳이다. 땅을 깊이 파지 않아도

석유가 나온다. 집을 짓다가도 석유가 나오고, 기도원을 지으려고 땅을 샀다가도 석유가 나오곤 한다. 한국에는 없는 유전이 너무도 흔한 동네가 바로 휴스턴이다.

휴스턴의 어느 마을에서 집마다 유전이 발견된 일이 있었다. 한 집을 제외하고, 모든 집 마당에서 석유가 나왔다. 그런데 유일하게 석유가 나오지 않은 집은 아이러니하게도 그 동네에서 가장 신앙심이 좋은 부부의 가정이었다. 이들 부부는 처음에는 견딜 만했지만, 가까운 이웃들이 새 차를 바꾸고, 비싼 옷을 사 입고, 더 좋은 동네로 이사 가는 것을 보면서 섭섭한 마음이 들고 원망이 생겨서 힘든 시간을 보내야 했다.

20년 정도의 시간이 흘렀다. 동네 사람들은 어떻게 되었을까? 그때까지도 돈을 흥청망청 쓰며 행복해했을까? 아니다. 거의 모든 가정이 어려움을 당했다. 가정이 깨지기도 하고, 자녀들이 망가지기도 했다. 심지어 마약으로 인생을 망치거나 자살로 삶을 마감하는 이들도 있었다. 그러나 석유가 나오지 않았던 가정만은 여전히 행복했다고 한다. 나중에 부부는 이렇게 고백했다.

"비록 당시에는 하나님이 야속했고, 돈이 없어서 살기에 어려웠지만, 세월이 흐른 뒤에 우리는 알게 되었습니다. 우리 가정이 제일 가치 있는 것을 가지고 있다는 사실을 말이에요."

그렇다. 세상에는 돈보다 더 중요한 것이 있다. 우리는 더 중요한 가치를 위해 살아야 한다. 돈, 물론 중요하다. 그러나 돈의 가치는 이 세상에 한정될 뿐이다. 우리는 이 세상만 사는 존재가 아니다. 우리에게는 천국이 있다. 천국에서는 돈이 아무런 가치가 없다. 우리의 보물은 주님이 십자가에서 주신 구원과 천국이다. 이것을 잘 이해한다면, 더 이상 물질과 하나님 사이에서 고민할 필요가 없다.

또한 "좀이나 동록, 도둑"이 무엇인지 알면, 우리의 선택은 더욱 명확해질 것이다. "좀"은 옷과 곡식을 먹어 없애는 벌레를 말하고, "동록"은 금속을 부식시키는 녹을 가리킨다. 도둑은 말 그대로 물건을 훔치는 자다. 그래서 많은 부흥 강사가 이 구절을 해석하며 이 땅의 보물은 어차피 다 없어지니 땅에 두지 말고 하늘에 쌓아 두라고 강조하기도 했다.

그렇다면 어떻게 보물을 하늘에 쌓을 것인가? 사실, 땅에 쌓아 두는 것은 머릿속에 쉽게 그려진다. 금고에 넣거나 은행에 보관하면 되기 때문이다. 그런데 하늘에 쌓는다는 것은 선뜻 이해되지 않는다. 하늘에 쌓는다는 것은 무엇일까? 재산을 다 팔아서 기부하거나 종교 단체에 바치는 것일까?

나는 청소년 시절에 암사동의 한 교회에 다녔다. 당시 담임 목사님이 한 사람이 두 주인을 섬길 수 없다는 설교를 자주 하셨다. 나는 재물이 없는 고등학생이었기 때문에 어떻게 하면 재물을 하늘에 쌓을까 하고 고민하다가 봉사라도 하자는 마음에 찬양대와 경찬팀에서 활동하고, 교회 철탑 십자가 꼭대기에 있는 까치집을 치우는 봉사를 하기도 했다. 세상을 섬기지 않고 주님을 선택하는 심정으로 한 것이었다.

그런데 당시 나만 그런 마음이 있었던 것은 아니다. 친구 아버지이기도 했던 한 집사님이 "네 보물 있는 그곳에는 네 마음도 있느니라"라는 말씀에 감동하여 돈을 우상으로 섬기지 않기 위해서 아파트를 팔고 월세로 옮겨 가며 남은 돈을 모두 헌금하셨다. 그 집사님의 믿음이 정말로 대단하다고 생각했다. 장차 나도 그렇게 살아야겠다고 다짐했다.

그러나 거의 10년쯤 지나서 그 집사님을 다시 만났더니 이런 아쉬움을 토로하셨다.

"그때 집을 판 것은 실수였어. 주님 앞에 헌신하는 데는 많은 방법이 있는데 말이야. 꼭 그렇게까지 하지 않아도 됐는데, 실수한 것 같아. 하늘에 쌓으면 더 많이 주실 줄 알고 그랬는데, 운이 없었는지 그때 이후로 고생을 많이 했단다."

실제로 그 가정의 형편은 이후로도 나아지지 않았다. 물론 그분은 여전히 좋은 신앙인이셨지만, 그때의 경험으로 하늘에 쌓는 것에 관한 생각은 많이 바뀌어 있었다. 그래도 최소한 기복주의 신앙은 아니었다.

좀과 동록의 정체

하늘에 쌓는 것이 돈만을 이야기하는 것은 아닐 것이다. 더 많은 축복을 받기 위해 무조건 투자하는 것도 아니다. 성경은 "보물"이라고 했지, "돈"이라고 하지는 않았다. 사실, 설교하는 목회자로서 보물을 땅에 쌓지 말고, 천국에 쌓으라는 말씀을 헌금을 많이 내라는 것으로 해석할 여지가 있어 경계한다. 정말 이게 맞는 말인가? 하늘에 쌓아 두는 것이 진정 헌금이란 말인가? 나는 아니라고 생각한다. 주님께 헌신하지 않으면, 정말로 도둑이 다 훔쳐 가는가? 그렇다면 유전이 많은 중동에서 슈퍼카를 굴리며 떵떵거리며 사는 불신자들의 부유함은 무엇이란 말인가? 왜 이들에게는 좀과 동록이 없는가? 좀과 동록은 기독교인 한정인가? 아예 헌금도 안 하는 불신자는 부자가 되고, 봉사하고 헌신하는 우리는 왜 쪼들리며 살아야 하는가?

우리의 보물은 천국에서 누리는 영원한 생명이며 좀과 동록은 우리 생명을 갉아먹는 죽음이다. 좀과 동록은 돈이 없어지거나 사업이 망하는 것을 의미하는 것이 아니다. 이것은 구원을 얻지 못한 채 죽는 죽음을 가리킨다. 염려와 두려움이 우리를 갉아먹어, 죽음밖에 남은 것이 없다고 믿게 만드는 것이다. 물론, 이 세상에서 죽음의 위력은 막강하다. 우리의 소망과 희망을 늘 좀먹고 갉아먹는다. 그러나 우리가 천국과 구원을 소유하면, 죽음은 우리 삶 어디에도 힘을 쓰지 못한다.

이 사실을 깨달으면, 우리는 재물을 좀 더 편하게 대할 수 있게 된다. 조금 없더라도 하나님을 섬길 수 있고, 많이 가졌더라도 하나님을 의지할 수 있게 된다. 왜냐하면 진정한 보물인 천국을 소유했기 때문이다. 이 단계에 이르면, "너희가 하나님과 재물을 겸하여 섬기지 못하느니라"라는 말씀이 비로소 이해된다. 둘 중 하나를 선택하는 것이 아니다. 진정한 보물인 영생을 얻으면, 우리는 하지 말라고 해도 하나님 나라와 그의 의를 구하는 삶을 살게 되며 주님께서 모든 것을 더해 주심을 믿으므로 재물을 섬기라고 해도 섬기지 않게 된다.

당신은 무엇을 선택할 것인가. 하나님인가 아니면 재물인가?

16

비전의 마지막 퍼즐을 찾는다면

✦

티핑

포
인
트

✦

티핑 포인트(Tipping Point)라는 개념이 있다. 노벨 경제학상을 수상한 토머스 셸링(Thomas Schelling)의 논문에서 처음 사용된 용어로 '갑자기 뒤집히는 점'을 뜻한다. 엄청난 변화가 작은 일들에서 시작될 수 있고, 대단히 급속하게 발생할 수 있다는 의미다. 의학에서는 전염병이 폭발적으로 커지는 시점을 가리켜 티핑 포인트라고 한다. 우리는 코로나19 팬데믹을 통해 티핑 포인트가 어떤 것인지를 몸소 경험한 바 있다.

티핑 포인트를 공부하다 보면, 이를 일으키는 필수 요소가 있음을 알게 된다. 바이러스가 확산될 때는 슈퍼 전파자가 필요하고, 물이 수증기가 될 때는 99℃에서 100℃로 올리는 열이, 옥수수가 뻥튀기될 때는 압력이 필요하다. 심지어 소문이 퍼지는 데도 결정적인 한마디가 필요하다. 이런 요소들이 없다면, 결코 폭발적으로 변할 수 없다.

그렇다면 비전의 마지막 퍼즐이 되는 요소는 무엇인가? 특히 마가의 다락방에 모였던 믿음이 연약한 사람들을 강력한 폭발력으로 성장시킨 가장 중요한 요소가 무엇인지를 살펴보고자 한다. 특별히 이 비전의 마지막 퍼즐을 살펴봄으로써 공동체와 우리 삶이 세상에서도 폭발적인 신앙의 능력을 경험하고, 비전을 이루기를 소망한다.

복음서에 등장하는 제자들의 모습은 예수님을 따라다니기는 했지만, 전도도 잘하지 못하는 실패자, 스승마저 버린 배신자, 십자가를 피해 멀리 달아난 도망자, 권력의 자리를 놓고 싸우는 비열한 사람들로 비치기도 한다.

그러나 예수님이 부활하신 이후 사도행전의 제자들은 달랐다. 권능이 넘쳤고, 세상을 두려워하지 않았다. 이들은 전도자가 되었고, 설교자가 되었고, 심지어 순교자가 되기를 마다하지 않았다. 이런 극적인 변화를 이끌어 낸 요소는 바로 성령이다. 성령이 임하자 모든 것이 달라졌다. 실패자는 성공자가 되었고, 배신자는 전도자로 바뀌었다. 그렇다. 마지막 퍼즐은 성령이다.

그렇다면, 성령이라는 마지막 퍼즐이 우리 삶의 빈 곳을 채운다면, 어떤 변화가 일어날까? 한마디로 역전이다. 최악의 상황을 뒤집는 역전이 일어난다.

성령은 모든 사람이 가장 약해진 때에 등장했다. 신약 성경에서 예수님을 따랐던 사람들의 수를 살펴보면, 오병이어 기적이 일어났을 때 5,000명, 부활하신 예수님이 승천하실 때는 500명, 마지막으로 마가의 다락방에 모였을 때는 120명이었다. 인원수가 점점 줄어드는 것을 볼 수 있다. 예수님의 승천을 목격했는데도 500명 중 380명은 떠나고 120명만 남았다. 남은 120명의 심정을 생각해 보라. 승천하신 주님을 봤으니 용기백배했을 것 같은가? 아마도 아닐 것이다.

이들은 두려움에 가득 차 있었을 것이다. 믿음으로 떠나지 않고 남았지만, 결과를 장담할 수 없는 그런 마음이다. 어릴 때 엄마랑 시장이나 마트에 갔던 때를 기억해 보라. 장을 보고 집으로 가는데, 엄마가 아차 하면서 다시 마트에 다녀와야겠다고 하신다. 그러면서 엄마가 올 때까지 잠시 기다리라고 하신다. 엄마가 돌아오기만을 기다리는데, 무섭다. 어디로 가야 할지 몰라 두렵다. 이것이 마지막까지 남았던 120명의 마음이다.

사실, 이들이 모인 장소도 이상하다. 이들은 다시 오실 메시아를 기다린다면서도 회당이나 성전이나 광장이 아닌 다락방에 모여 있다. 꼭 숨어 있는 것처럼 보인다. 그곳에서 이들은 무엇을 하고 있었을까? 예수님을 기다리며 기도했을까? 찬양하며 두려움을 견뎠을까? 예배드리며 말씀으로 위로받고 있었을까? 아니면 리더들과 함께 이 난국을 어떻게 헤쳐 나갈지 회의하거나 논쟁을 벌이고 있었을까?

사도행전 2장을 보면, 당시 120명이 무엇을 하고 있었는지를 알 수 있다. 성경을 보자.

> 오순절 날이 이미 이르매 그들이 다 같이 한곳에 모였더니
> | 행 2:1

사실 그들이 무엇을 했는지는 정확한 기록이 없어서 알 수 없다. 그냥 모여 있었다. 그런데 한 가지 확실한 것은 있다. 그들은 기도나 찬양이나 예배나 회의를 하지는 않았다. 만약 이런 것들을 했다면, 늘 자세히 기록하던 사도행전의 저자 누가가 기록하지 않았을 리가 없다. 누가는 의사 출신에 아주 꼼꼼한 사람이었다. 그런 그가 성령이 임하시기 전에 성도들이 무엇을 했는지를 기록하지 않았다면 이상하지 않은가? 답은 간단하다. 정말로 그들은 아무것도 하지 않았던 것이다.

120명의 성도는 그곳에서 그냥 숨어 있었다. 당시에는 그곳에서 시작된 기독교가 곧 끝나는 것처럼 보였다. 세상에서 예수님의 다시 오심을 기다리던 사람들은 이 120명이 전부였기 때문이다. 이들은 이곳에 숨어서 앞으로 어떻게 해야 할지 궁리하며 숨죽이고 있었다.

그런데 놀라운 일이 벌어진다. 그 자리에 성령이 임하신 것이다.

성령이 왜 이때 임하기를 결정하셨는지는 알 수 없다. 궁금할 따름이다. 주님이 부활하실 때나 승천하실 때, 혹은 5,000명 이상이 오병이어 기적을 체험할 때가 아니라 성령은 고작 120명이 다락방에 숨어 있을 때 찾아오셨다. 왜 이렇게 적은 인원이 모인 때에 성령이 임하셨을까?

왜냐하면 당시 이들 120명이 무엇인가를 하고 있었기 때문이다. 기도도 예배도 찬양도 없었지만, 이들은 확실히 한 가지를 했다. 그때 성령이 오셨다. 이들은 다른 것이 아니라 한마음이 되어 있었다. 120명이 한마음이 되자 비로소 성령이 오신 것이다.

물론 우리말 성경에는 '한마음'이라는 표현이 없다. 다만 "다 같이 한곳에 모였더니"라고만 기록되어 있을 뿐이다. 그런데 헬라어 원문과 영어 성경을 보면, "다 같이 한곳에"가 단순히 한곳에 모인 것만을 의미하지 않는다는 것을 알게 된다. 이 부분을 영어 성경(KJV)으로 보자. "all with one accord in one place"로 기록되어 있다. "all with one accord"를 직역하면, '전적으로 동의하여(함께 행동하다)'라는 뜻이다. 의역하면, '모두 한마음으로'다.

그렇다. 모두가 낙심한 순간에, 가야 할 바를 몰라 모두 헤매는 순간에 그들은 다른 어떤 때보다도 한마음이 되어 있었다. 이때 그렇게 기다리던 성령이 드디어 오신 것이다.

그러니 명심하라. 성령은 한마음이 될 때 비로소 오신다. 가정이나 공동체에서 비전을 이루고, 성령의 기적을 경험하려면 한마음이 되어야 한다. 한마음이 될 수만 있다면, 우리는 성공의 티핑 포인트를 얻게 된다. 성령이 오기로 택하신 시기는 인원수로는 가장 적고 약했지만, 한마음이 되었던 순간이다. 그 순간, 성령이 오셨고 적은 인원이 소수 정예가 되어 세상을 바꾸는 능력자가 되었다.

5%만으로도

영국 리즈대학교의 존 다이어(John R. G. Dyer) 교수가 재미있는 실험을 했다. 200명의 지원자를 모집한 후 각자에게 쪽지를 주었다. 10명의 참가자는 9시 방향으로 전진하라는 쪽지를 받았고, 나머지 190명은 집단을 이탈하지 말라는 쪽지를 받았다. 그리고 출발 지시가 내려졌다. 처음에는 잠시 우왕좌왕했지만, 이내 대열을 정리하더니 그룹 전체가 9시 방향으로 움직이기 시작했다. 9시 방향으로 전진하라는 지시를 받은 10명을 따라 움직이기 시작한 것이다. 나머지 190명은 다른 방향을 택하여 움직일 수도 있었지만, 5%에 해당하는 10명을 따라갔다. 실험 후에 교수는 변화를 주도하는 데 많은 인원이 필요하지는 않다고 결론 내렸다. 단 5%의 인원이라도 사명 의식을 가지고 움직인다면, 공동체 전체에 변화가

일어난다는 것이다.

그렇다. 인원은 적더라도 한 방향으로 가는 한마음의 사람들만 있다면, 변화는 시작된다. 성령은 그것을 아셨다. 그래서 기독교 역사상 가장 연약했던 시기에 한마음이 된 120명을 사용하신 것이다.

성령이 임하신 후에 더욱 놀라운 일이 벌어진다. 이들이 여전히 하나였다는 것이다. 성령의 능력으로 120명이 각자 다른 방언을 쏟아 냈지만, 이들이 말한 내용은 모두 똑같았다. 하나같이 "하나님의 큰일"(행 2:11) 만을 선포했다. 놀랍지 않은가! 성령은 이들이 하나 될 때 임하시어 각자에게 다른 방언을 주셨지만, 오직 한 메시지를 전하게 하셨다. 결과적으로 그들은 성령이 임하기 전에도 하나였고, 성령이 임하신 후에도 하나 됨을 유지할 수 있었다.

20세기를 대표하는 탁월한 지도자 마틴 로이드 존스(Martyn Lloyd Jones) 목사는 이 장면을 묘사하며 이렇게 설명했다. "오순절 이전의 성령님은 우리와 함께(with)하시는 분이었지만, 오순절 이후 성령님은 우리 속에 내주(within)하시는 분"이 되었다고 말이다. 내주하시는 성령 덕분에 우리는 그리스도와 연합할 수 있다. 즉 성령의 내주로 말미암아 주님과 하나 되는 것이다. 또한 성령의 내주하심이 일어나면, 한 성령의 능력으로 공동체가 하나가 된다. 이렇게 공동체가 하나 될 때, 놀라운 능력과 폭발력이 일어난다.

내주하는 성령으로 하나 된 120명의 초대 교회 성도들은 그날부터 전 세계 2억 명을 대상으로 전도를 시작했다. 불가능해 보이는 싸움이었지만, 이들은 하나가 되어서 승승장구를 거듭한다.

이것을 명심하자. 내 안에 계신 성령이 나를 성령과 모두를 연합하게 하시고, 세상을 바꾸게 하실 수 있다. 이것이 성령의 능력이다. 우리는 각자 성향이 너무나도 다른 사람들이지만, 우리 안에 한 성령이 내주하심으로써 같은 방향을 향해 나아가며 비전을 이룰 수 있게 된 것이다.

오순절 사건은 한마디로 한마음이 된 사건이다. 시작도 하나 됨이요, 마지막도 하나 됨이다. 성령이 오시기 전에도 한마음으로 기다렸고, 성령이 오신 후에도 다양한 은사를 가진 사람들이 한 성령으로 하나 되어 활동했다.

교회 공동체와 믿음의 사람들이 변화를 일으키는 티핑 포인트에는 하나 됨이라는 요소가 필요하다. 하나가 됨으로써 강력한 폭발을 일으킬 수 있다. 만약 당신이 오랜 역사와 전통을 자랑하는 교회를 다니고 있는데, 폭발적인 능력을 아직 경험해 보지 못했다면, 다른 데서 원인을 찾을 게 아니라 온 성도가 하나 되었는지, 모두가 한 성령 아래 있는지를 살펴보아야 한다.

비전을 이루기 위한 마지막 퍼즐은 하나가 되는 것이다. 같은 마음을 가진 사람들이 함께하고, 성령이 일하시면 그것으로 충분하다. 그때 성령의 능력으로 우리는 자기 삶을 치유하고, 가정을 변화시킬 수 있다. 그리고 더 나아가 세상의 모든 민족을 치유하고, 복음으로 세상을 변화시킬 수 있다.

자, 비전의 마지막 퍼즐을 성령으로 채우고, 모두가 한마음이 되어 다양한 은사로 세상을 바꾸자. 이제 세상은 당신에게 달렸다. 나의 고집과 나의 어설픈 이론을 타파하고, 오직 성령의 능력으로, 특별히 하나 되게 하시는 능력으로 살아보자. 비전을 이루자! 이 모든 것이 당신에게 달렸다.